사랑플러스 생각
사랑을 더하면 온전해집니다.
이 모든 것 위에 사랑을 더하라 이는 온전하게 매는 띠니라 (골 3:14)

여자도 모르는
여자의 변화

여자도 모르는 여자의 변화
Praying through Life's Problem

초판 1쇄 발행 _ 2005년 4월 22일
초판 2쇄 발행 _ 2005년 9월 5일
지은이 _ 스토미 오마샨 외
옮긴이 _ 임미순 · 채송희
펴낸이 _ 김명호   펴낸곳 _ 도서출판 사랑플러스
기획책임 _ 김건주   편집책임 _ 김순덕
교정·교열 _ 조혜진   표지 · 내지디자인 _ 정선형
마케팅책임 _ 김석주

등록번호 _ 제22-2110호(2002년 2월 15일)
주소 _ (137-865) 서울 서초구 서초1동 1443-26
e-mail _ sarangplus@sarang.org
영업부 _ 3489-4300   팩스 _ 3489-4309
값 7,000원
ISBN 89-90285-15-1 03230
● 독자의 의견을 기다립니다

여자도 모르는
여자의 변화

스토미 오마샨 외 | 임미순 채송희 공역

사랑플러스

Originally published in the USA
By INTEGRITY PUBLISHERS, INC.
under the title
Praying through Life's Problems
Copyright © 2003
Brentwood, Tennessee
All rights reserved.

Translated and used by permission of Integrity Publishers, Inc.
Through the arrangement of KCBS Literary Agency., Seoul, Korea.

Korean Copyright © 2005 by DMI Press, Seoul, Korea

이 책의 한국어판 저작권은 KCBS Literary Agency를 통해 저작권자와의 계약으로 도서출판 사랑플러스에 있습니다.
신저작권법에 의해 한국 내에서 보호를 받는 저작물이므로 무단전재와 복제를 금합니다.

서문

"아무것도 염려하지 말고 오직 모든 일에 기도와 간구로 너희 구할 것을 감사함으로 하나님께 아뢰라 그리하면 모든 지각에 뛰어난 하나님의 평강이 그리스도 예수 안에서 너희 마음과 생각을 지키시리라"(빌 4:6, 7).

우리가 겪은 삶은 어려움과 고난의 연속이다. 그리고 우리 이웃이 고백하는 삶 역시 계속되는 어려움이다. 여성들을 창조하신 하나님께서는 우리에게 남을 보살피고, 사랑할 수 있는 성품을 주셨다. 또한 여성은 잘 감동하고 잘 상처받기도 한다.

하나님께서 우리에게 주신 삶은 결코 쉬운 것이 아니다. 만약 인생이 평탄하고 살기 쉬웠다면, 우리는 더 나은 곳, 하나님께서 계신 하늘나라를 사모하지 않았을 것이다. 우리는 하늘나라의 시민이다. 그 나라의 왕이신 하나님께서는 우리가 그곳에 거하기를 원하신다.

하나님께서는 이 세상에서 살아가는 우리에게 많은 것을 약속하셨다. 하나님께서는 항상 우리와 함께 계실 것이며 살아가는 데 필요한 힘을 주실 것이다. 그리고 무엇보다도 중요한 것은, 하나님께서 우리의 기도와 부르짖음을 들으시고 응답하신다는 사실이다.

너무도 슬플 때, 고통과 노여움, 우울과 죄책, 두려움과 좌절을 경험할 때, 우리는 우리의 주님이신 예수님의 품 안에 안겨 우리의 상처들을 그분께 아뢸 수 있다. 예수님께서는 우리가 간구하는 것마다 주시겠다고 약속하셨다.

지금 당신의 삶이 최악이라고 생각하는가? 견딜 수 없는 고통이 당신을 괴롭히고 있다고 느끼는가? 예수님께 나아가자. 그분은 당신에게 위로와 소망을 주실 수 있는 유일한 분이시다.

차례

1 인생의 어려운 문제들 _ 스토미 오마샨 8 *Stormie Omartian*

2 원하지 않은 사고 _ 조니 에릭슨 타다 30 *Joni Eareckson Tada*

3 갈등해소 _ 레슬리 버닉 50 *Leslie Vernick*

4 우울증 _ 캐서린 하트 웨버 82 *Catherin Hart Weber*

5 폐경기 _ 조지프 메이오 & 메리 앤 메이오 114 *Joseph & Mary Ann Mayo*

6 거식증과 폭식증 _ 린다 S. 민틀 144 *Linda S. Mintle*

7 성추행의 상처 _ 다이안 랭버그 166 *Diane Langberg*

1 인생의 어려운 문제들

— 스토미 오마샨
Stormie Omartian

여호와여 나의 기도에 귀를 기울이시고 나의 간구하는 소리를 들으소서 나의 환난 날에 내가 주께 부르짖으리니 주께서 내게 응답하시리이다. _ 시편 86편 6, 7절이 세상에서 힘든 시간을 겪지 않은 사람은 아마 없을 것이다. 나 역시 주님을 알고 함께한 지 32년이 되었지만, 여전히 어려운 시간을 피할 수는 없다. 보통 사람들과 전혀 다를 것이 없다. 하지만 다른 것이 하나 있다면, 어려운 일을 닥쳤을 때 하나님과 함께한 시간이 많아질수록 두려움이나 좌절을 조금 덜 느낀다는 것이다.

하지만 나는 더 이상 예전 같은 절망에 빠지지 않는다. 하나님께서 내 인생을 주관하고 계시며, 나의 소망이 그분 안에 있기 때문이다. 하루에도 몇 번씩 끊임없이 기도하며 그분과의 관계가 깊어지도록, 그리고 그분께서 내 삶을 변화시켜 주시도록 기도한다.

그렇다고 어려운 상황이 닥쳤을 때 전혀 당황하지 않거나 놀라지 않는 것은 아니다. 나 역시 그런 일을 당하면, 처음에는 마음이 요동하고 평화는 사라진다. 주위에서 일어나는 일 때문에 너무나도 자주 비탄, 고통, 그리고 절망의 수렁으로 곤두박질치기도 한다.

어려운 문제가 있을 때, 나는 그 문제의 원인과 과정을 파악하려 한다. 그리고 그것이 사실 나를 파괴하려는 악마의 간교한 계략임을 알고 큰 충격을 받는다. 소름끼치게 무서워져 겁에 질리기도 하고, 어떤 때는 내 인생이 완전히 마감되었다는 생각을 하기도 한다. 그러나 우리의 상황이 비록 어둡고 불안하고 고통스럽고 당황스럽다 할지라도, 하나님께서 폭풍우 가운데에서 피할 수 있는 평화의 처소를 마련해 두셨음을 곧 깨닫게 된다. 하나님께 피할 곳을 달라고 간구할 때 그분께서는 우리를 그곳으로 이끄신다.

비가 많이 오고 검은 구름이 하늘을 가득 메운 어두운 날, 비행기를 타 보았는가? 아무것도 보이지 않는 그 두텁고 어두운 구름을 뚫고 더 높이 오르면, 그 구름 위에서 눈부시게 밝고 푸른 하늘을 볼 수 있다. 비록 날씨가 나쁘더라도 어둡고 캄캄한 폭풍우를 지나면 거기에는 화창한 하늘이 있다는 것을 기억하라.

영적이고 감정적인 우리의 생활이 검은 구름이 덮힌 하늘과 같다. 시련과 분투와 슬픔과 고통의 어두운 구름이 두텁게 우리 앞을 가로막아 앞이 보이지 않으면, 우리는 그 너머에 있는 고요하고 밝고 평화스러운 장소를 잊곤 한다. 만약 우리가 어려운 상황에서 하나님의 손을 잡는다면, 그분께서는 우리를 그 상황 위로 들어올리시고 우리를 위해 예비해 두신 평화롭고 안전한 장소로 인도하실 것이다. 그럼에도 불구하고 우리는 너무도 자주 하나님의 손을 잊어버린다. 그분과 동행해야 하며, 하나님 안에서만 참된 소망과 위로를 소유할 수 있다는 것을 잊어버린다.

> ✤ 도움이 되는 성경말씀 ✤
>
> "항상 기뻐하라 쉬지 말고 기도하라 범사에 감사하라 이는 그리스도 예수 안에서 너희를 향하신 하나님의 뜻이니라"(살전 5:16~18).

내가 가장 좋아하는 성령님의 이름은 '위로자'이다(요 14:26, 한글킹제임스). 오직 위로자 되시는 성령님만이 우리 마음을 치유하신다. 한없이 큰 하나님의 사랑은 우리가 이 세상에서 스스로를 지키며 힘들게 살기를 원치 않으셔서, 성령님이라는 선물을 주셨다. 마치 태양에게 빛을 달라고 우리가 청하지 않았지만 그 빛의 도움을 받듯이, 성령님께 위로해 달라고 요구하지 않아도 된다. 그분은 위로자이시다. 단지 우리는 그분과 우리의 사이를 멀게 하는 것으로부터 떨어져 그분 앞에 나아가기만 하면 된다. 어렵고 힘든 시간에 기도하라. 그러면 성령님께서 우리와 함께하실 것이다.

누구나 살면서 어렵고 힘든 시간을 거친다. 나에게 지난 일 년 반의 시간은 내 인생 중 가장 힘든 시간이었다. 두 해 전부터 나는 복통과 구역질 때문에 견딜 수 없을 정도로 고통스러웠고, 내 남편이 한밤중에 나를 병원 응급실로 옮긴 것이 한두 번이 아니었다. 왜 항상 한밤중에만 아팠는지. 그러나 매번 검진할 때마다 의사와 전문가들은 내 병의 원인을 알지 못했다. 내가 아무런 이상 없이 너무나도 건강하다는 것이었다. 그들은 나의 아픔에 대해 아무것도 밝혀낼 수 없었다. 그렇게 6개월이 지나갔다. 그 6개월 동안 병원이라는 병원은 다 찾아가 진찰을 받았다.

그러던 어느 날은 내 생애 가장 끔찍하고 무서운 밤이었다. 한밤중에 내 몸 안에서 무엇인가 갑자기 폭발하는 듯한 느낌을 받았고,

무언가 빠른 조치를 취하지 않으면 내가 죽을 것만 같았다. 응급차를 기다릴 시간도 없이 남편이 급히 나를 병원으로 옮겼을 때는 새벽 세 시 삼십 분이었다. 나는 응급실 침대에 누워 몇 시간 동안이나 "누가 나를 좀 도와주세요. 나 곧 죽을 것 같아요!"라고 애원하고 있을 수밖에 없었다. 그동안 이미 여러 번 받은 똑같은 검진을 또 다시 받았고, 역시 어느 의사도 원인을 밝히지 못했다.

내 남편과 여동생 수전, 그리고 친구인 로즈는 나를 떠나지 않고 계속 기도했다. 나는 그저 "예수님, 도와주세요."라고밖에 기도할 수 없었다.

어느 순간인가 나는 하나님께 이렇게 말씀드렸다. "이제 제가 죽게 되는 건가요?" 그러나 하나님께서 내 생명을 거두어 가실 것이라는 어떤 느낌도 받지 못했다. 내가 이 세상에서 살아남아 해야 할 사명이 있다고 말씀하시는 것 같았다.

나는 다시 한 번 용기를 얻었지만, 아픔은 계속 심해졌고 의료진은 원인을 알기 전에는 아무것도 할 수 없다고 했다. 나는 계속 하나님께서 나를 폭풍우 너머에 있는 평안의 장소로 옮겨 주시도록 기도했다.

응급실에서 고통과 싸운 지 여덟 시간 만에 한 의사는 나에게 이렇게 말했다. "정확한 병명을 말씀드릴 수는 없지만, 제가 보기에는 맹장이 파열된 것 같습니다. 당장 수술하겠습니다. 그리고 만약 맹장 파열이 문제가 아니라면 진짜 문제가 무엇인지 알아내도록 노력하겠습니다." 나는 거듭 그 의사에게 고맙다고 하며, 이 고통이 멈출 수만 있다면 무엇이든지 해 달라고 했다. 그 지독한 통증만 멎어질 수 있다면 내 몸의 무언인가를 떼어낸다 하더라도 상관없었다.

그 의사의 진단은 정확했다. 수술이 끝나고, 내가 대화를 나눌 정도로 회복되었을 때 의사는 "만약에 한 시간만 더 지체했다면, 당신은 중독성 쇼크 혼수상태에 빠져 생명을 잃었을 것입니다."라고 말했다. 하나님께서 우리의 기도를 들으시고, 그 의사를 통해 나를 치료해 주셨다는 것을 알았다.

그러나 전쟁은 끝나지 않았다. 그 후로 두 주 동안 튜브 여러 개를 몸에 달고 그것을 통해 약을 투약해야만 했고, 분만의 통증보다 훨씬 아픈 고통을 견뎌야 했다. 매일 복부 안쪽을 소독하기 위해 잘라낸 손바닥보다 큰 상처로 인한 고통을 견디기 위해 모르핀을 계속 투여 받아야 했다.

수술 후에도 여전히 위독한 상태였다. 의사는 그 상처를 꿰매는 대신에 복부 안에서부터 자연스럽게 아물도록 했는데 상처가 완전히 아물기까지 다섯 달이 넘게 걸렸다. 퇴원한 후에도 간호사가 몇 주 동안이나 우리 집에 상주하면서 나를 보살펴야 했다. 그러나 몇 달이 채 안돼 반도 회복되지 않았을 때, 나는 쓸개 제거 수술을 위해서 다시 병원에 입원해야 했다. 의사들은 쓸개가 내 복통의 근본 원인이었다는 진단을 내렸다.

그 여덟 달 동안 나는 말할 수 없는 고통을 감정적으로, 그리고 육체적으로 겪어야 했다. 그러나 결코 하나님께서 내 인생을 변화시키고 있다는 사실을 의심하지 않았다. 물론 전혀 두렵지 않은 것은 아니다. 가끔 우울증에 시달리기도 했다. 그렇다고 해서 내가 실패한 사람인가? 아니다. 나는 단지 한 인간에 불과했고 다른 모든 사람들처럼 육체적인 한계를 가졌을 뿐이다. 사탄은 내가 죽기를 원했지만, 하나님의 은혜와 많은 사람들의 기도가 사탄의 계략을 엉망으로 만들었다.

> **✤ 도움이 되는 성경말씀 ✤**
>
> "그를 향하여 우리의 가진바 담대한 것이 이것이니 그의 뜻대로 무엇을 구하면 들으심이라"
> (요일 5:14).

내게 일어난 일이 기도를 많이 하고 주님을 섬기는 일에 최선을 다하는 그리스도인에게 일어날 수 없는 일이라고 생각하는가? 아니다. 충분히 일어날 수 있는 일이다. 고통도 인생의 일부이기 때문이다. 우리 모두는 어떤 방법으로든 고통을 경험하게 된다. 특별히 주님을 좀 더 효과적으로 섬길 때 이런 경험을 할 수 있다.

하지만 하나님께서 우리와 함께하시도록 구한다면, 하나님께서는 그 고통을 통해 더 좋은 것을 우리에게 주실 것이다. 주님과 함께한다면 우리의 고통은 결코 헛된 것이 아니다.

하나님께서 우리에게 고통을 허락하시는 이유

우리에게 고통이 주어지는 데는 여러 이유가 있다. 만약 우리가 그 고통의 이유를 안다면, 그로 인한 아픔을 극복하며, 우리의 믿음은 아픔 가운데 성장하는 것임을 깨닫는 데 도움이 될 것이다.

1. 하나님께서는 당신의 영광과 능력을 우리 안에서, 그리고 우리를 통해 드러내시기 위하여 우리에게 고통을 허락하신다.

예수님께서 날 때부터 눈이 먼 사람 곁을 지나가실 때, 제자들은 그 사람이 눈을 먼 이유가 그 부모의 죄 때문인지, 아니면 그 사람 자신의 죄 때문인지 물었다. 예수님께서는 "이 사람이나 그 부모가 죄를 범한 것이 아니라 그에게서 하나님의 하시는 일을 나타내고자 하심이니라"(요 9:3)고 대답하셨다.

이 일이 왜 하필 이때에 우리에게 일어나는지 이해하지 못할 수도 있다. 그리고 주님의 도우심으로 이 일들이 해결되어 가는 전체의 과정이나 어떤 맥락을 그 결말에 가서야 알 수 있다. 어려운 상황을 만났을 때 하나님께로 나아간다면 하나님의 영광이 그 안에서 드러나게 될 것이다. 나의 경우를 보더라도 내가 죽지 않고 살아났다는 그 사실을 통해서 하나님의 영광이 드러났다. 하나님께서는 우리의 기도에 대해 확실한 응답을 하셨다.

2. 하나님께서는 우리를 깨끗케 하시기 위하여 우리에게 고통을 허락하신다.

"그리스도께서 이미 육체에 고난을 받으셨으니 너희도 같은 마음으로 갑옷을 삼으라 이는 육체의 고난을 받은 자가 죄를 그쳤음이니"(벧전 4:1). 성경은 우리의 죄와 이기적인 마음이 하나님께서 허락하신 고난을 통해 소멸될 것이라고 말하고 있다. 하나님께서는 우리가 우리 자신을 위해서가 아닌 그분을 위해, 그리고 우리의 뜻이 아닌 그분의 뜻을 따르며 살게 하도록 우리에게 고통을 허락하신다.

물론 고통의 터널을 지나는 경험은 쉽지 않다. 하지만 하나님께서 그런 시간을 우리에게 허락하시는 이유는 "저희는 잠시 자기의 뜻대로 우리를 징계하였거니와 오직 하나님은 우리의 유익을 위하여 그의 거룩하심에 참예케"(히 12:10) 하기 위해서이다. 하나님께서는 우리가 소중히 여기고 이루려고 애쓰는 일들을 포기하고 삶에서 가장 소중한 그분, 하나님만을 바라며 살기 원하신다.

병원에서 참을 수 없는 고통으로 몸부림칠 때, 도와주는 사람이 아무도 없을 때, 나는 주님께 매달릴 수밖에 없었다. 하나님만을 바라며 의지할 때 우리는 깨끗하고 순결한 삶을 살 수 있다.

3. 하나님께서는 우리를 훈련시키시기 위하여 우리에게 고통을 허락하신다.

"무릇 징계가 당시에는 즐거워 보이지 않고 슬퍼 보이나 후에 그로 말미암아 연달한 자에게는 의의 평강한 열매를 맺나니"(히 12:11). 고통 받는 당시에는 알 수 없으나 하나님께서는 고통을 통해 우리를 훈련하시고 다듬으신다. 이 훈련의 결과로 맺어진 우리 안의 열매는 그것이 얼마나 가치 있는 것이었는지를 깨닫게 된다.

우리는 고난 받기를 거절하거나 증오하지 않도록 노력해야 한다. "내 아들아 주의 징계하심을 경히 여기지 말며 그에게 꾸지람을 받을 때에 낙심하지 말라 주께서 그 사랑하시는 자를 징계하시고 그의 받으시는 이들마다 채찍질하심이니라"(히 12:5, 6). 하나님께서는 내가 아파서 병원에 있던 고통의 시간을 통해 내 자신은 죽을 수밖에 없는 연약한 피조물이며, 이 세상에서 살아가는 시간이 얼마나 짧은 세월인지를 깨닫게 하셨다. 그리고 내가 이 고난의 시간을 통해 단련되었음을 믿는다.

4. 때때로 우리 자신이 사탄의 시험 한가운데 있음을 발견한다.

사탄이 바라는 것은 단 한 가지이다. 우리가 불행해지고 우리의 삶이 파괴되는 것이다. 당신이 느끼는 모든 번민, 후회, 슬픔, 비탄이나 고통은 당신 자신이나 당신 주위 사람들의 잘못에 의한 것이 아니라 사탄의 계략 때문에 생기는 경우가 종종 있다. 그런 사탄의 공격 중에도 하나님을 찬양한다면 당신은 하나님께서 주시는 위로를 경험하게 될 것이다. 하나님께서는 사탄을 물리치시고 당신이 상상도 못할 좋은 것을 당신에게 주실 것이다. 당신을 고통 가운데서 구하실 때 하나님께서는 당신이 믿음을 가지고 그분과 동행하기를 바라신다. 그리고 그 과정을 통해 고통 가운데에서 하나님을 신뢰하는 법을 가르치신다. 하나님께서는 내가 질병으로 고난 당하고 회복되는 과정 동안 사탄이 내 삶을 파괴하려 했다는 사실을 나와 내 남편에게 분명히 보여 주셨다.

어려움이 닥쳤을 때 기도하는 법

당신이 왜 그 같은 어려움을 겪고 있는지와 상관없이, 하나님께서는 당신의 기도에 응답해 주실 것이다. 날마다 하나님께서 당신의 미래를 주관해 주시기를 기도하라. 매일 같은 기도만 반복하고 있다고 염려하지 말라. 하나님께서는 당신의 모든 기도를 귀 기울여 들으신다. 날마다 똑같은 기도를 한다 할지라도 당신의 기도에는 항상 새로운 생명력이 있다.

하나님께서 당신의 기도에 바로 응답하지 않으시는 것 같은가? 당신의 모든 기도 제목들이 하나님의 뜻 안에서 천천히 응답되고 있음을 잊지 말라. 우리가 알 수 없는 엄청나게 많은 일들이 영적인 세계에서 벌어지고 있다.

당신에게 필요한 것을 하나님께 구하라. 그리고 기도할 때 다음에 제안하는 방법대로 해 보라. 어렵고 힘든 시간을 지날 때 도움이 될 것이다.

1. 지혜를 얻도록 기도하라.

어떤 경우, 선택을 잘못한 대가로 고난을 겪기도 한다. 다른 사람이나 상황 때문에 겪는 어려움보다 자신의 잘못으로 겪게 되는 고통은 우리를 더 힘들게 한다. 이럴 때 어떤 결정을 자포자기의 심정으로 내리는 것은 어쩌면 당연할 수 있다. 항상 하나님께 올바른 결정을 내릴 수 있는 지혜와 분별의 능력을 주시기를 간구해야 한다.

일상생활에서 많은 일들이 빠른 결정을 기다리며 우리를 재촉한다. 그렇기 때문에 우리는 계속 이것을 기억하며 기도해야 한다. 어떤 일이 정말 급하게 일어날 때 우리는 하나님의 뜻을 구할 시간조차 확보하지 못하기도 한다. 그러므로 우리는 항상 하나님의 뜻에 민감하여 그것을 이미 알고 있어야 한다.

2. 성령님께 도와주시도록 기도하라.

비극, 상실, 자포자기, 또는 실망 중에 우리는 너무나도 마음이 아파서 우리가 당하고 있는 고통 외에는 아무것도 생각하지 못한다. 그러나 알아야 할 것은 고통 당할 때도 성령님께서 우리와 함께하신다는 사실이다. 우리는 혼자 이 아픔과 고통을 감당하지 않아도 된다.

여러 성경번역본들은 성령님을 '도움을 주시는 분'(the Helper)이라고 표현하고 있다. 예수님께서는 "내가 아버지께 구할 것이며, 아버지께서는 다른 돕는 자를 너희와 영원히 같이 계시게 할 것이다. 그분은 진리로 인도하시는 영이다."(요 14:16, 17, 현대어성경)라고 말씀하셨다. 성령님께 도우심과 위로를 구하라. 성령님께서는 우리의 필요를 가장 잘 아시며 채우신다.

3. 그리스도의 마음을 갖도록 기도하라.

성경은 다음과 같이 말한다. "우리가 그리스도의 마음을 가졌느니라"(고전 2:16). "너희 안에 이 마음을 품으라 곧 그리스도 예수의 마음이니"(빌 2:5). "그리스도께서 이미 육체에 고난을 받으셨으니 너희도 같은 마음으로 갑옷을 삼으라 이는 육체의 고난을 받은 자가 죄를 그쳤음이니"(벧전 4:1).

당신의 마음을 그리스도의 마음으로 무장하도록 기도한다면, 하나님께서는 당신이 고통 후에 있을 영광을 바라보며 인내할 수 있도록 힘을 주실 것이다. 하나님께서는 당신이 현재 직면하고 있는 불행한 일보다 고난 이후에 그분으로부터 받을 좋은 것들을 소망하도록 도와주신다.

4. 하나님이 당신과 함께하심을 깨닫도록 기도하라.

당신이 슬픔, 고통, 시련을 당할 때 하나님께서는 언제나 당신과 함께하신다. 이것을 깨달으며 항상 인지하도록 간구하라. 하나님께서 당신과 함께하신다는 사실을 알 때, 당신의 의심은 없어지고 하나님을 더욱 신뢰할 수 있을 것이다. 또한 당신은 하나님의 진리 안에 흔들림 없이 거하며, 당신의 감정이나 사탄의 거짓 따위 때문에 무너지지 않을 것이다. 그리고 당신은 현재의 환경에 만족할 수 있다. 왜냐하면 하나님께서 당신과 함께하시기 때문이다.

우리 모두는 마음을 견고하게 하여 하나님만 의지하며, 나쁜 소식을 듣는 것을 두려워하지 말아야 한다(시 112:7 참조). "주께서 내 영혼을 사망에서, 내 눈을 눈물에서, 내 발을 넘어짐에서 건지심"을 알기 원한다(시 116:8). "내가 두려워하지 않는 것은 주님께서 나와 함께하신다는 것을 알기 때문입니다."라고 고백하기 원한다. 하나님께서 당신과 함께하심을 안다면, 당신은 두려움 대신 소망을 소유할 것이다.

5. 하나님의 말씀 안에 거하며 그 말씀에 순종하도록 기도하라.

폭풍우가 사납게 몰아칠 때, 당신은 의지하고 매달릴 수 있는 튼튼하고 흔들리지 않을 무언가를 원할 것이다. 하나님의 말씀보다 견고한 것은 없다. 병원에 있을 때 성경을 잡을 힘도 없는 나를 위해 다른 사람들은 성경을 읽어 주었다. 그때 하나님의 말씀은 나의 영혼을 소생시키고 나를 강하게 붙들어 주었다. 성경 말씀은 하나님의 약속들을 기억하도록 도와주었고, 나에게 희망을 불어넣어 주었다. 성경 말씀은 내 모든 일이 잘될 것이라고 믿을 수 있도록 도와주었다. 성경 말씀은 우리에게 이런 역할을 한다. 성경 말씀이 나에게 그랬듯이 당신에게도 큰 힘이 될 것이라고 믿는다.

6. 안 좋은 상황에서도 긍정적인 면을 보도록 기도하라.

어느 누구도 고통, 분쟁, 불확실, 좌절 따위를 좋아하지 않는다. 힘들거나 고통스러울 때도 그 이면에는 분명히 긍정적인 면들이 있다는 것을 잊지 말아야 한다. 고통의 시간에도 다이아몬드처럼 소중한 일들이 일어난다. 우리가 주님의 존재를 가장 깊이 느낄 때가 바로 이런 어려움의 시간이다. 우리가 하나님만을 바랄 때, 그분께서는 우리 앞에 좋은 것들을 예비하시고 우리에게 보여 주신다. 하나님께서는 우리에게 복을 주시기 위해서 우리의 삶에 어려운 일들을 허락하신다.

우리가 좋은 일이든 나쁜 일이든 어떤 일이든지 우리 인생에 일어날 수 있다는 것을 인정한다면, 다른 사람들이나 어떤 환경 때문에 곤혹스러워지는 경험을 하지 않아도 될 것이다. 왜냐하면 사람들이나 환경은 결국 하나님의 영광을 드러내기 위한 매개체이기 때문이다. 하나님께 우리가 고난 당할 때 긍정적인 것을 볼 수 있는 능력을 달라고 간구하라. 그러면 그 능력을 주실 것이다.

7. 당신이 바라는 모든 것이 하나님 안에서 이뤄지도록 기도하라.
인생의 모든 일은 우리가 바라는 대로 되지 않는다. 그렇기 때문에 항상 인생이란 실망과 고통의 연속이라고 느낀다. 그러나 주님만이 우리를 도울 수 있는 분임을 알고 그분께서 하실 일을 기대하라. 그러면 우리 생각대로 되지 않는 일 때문에 받게 되는 스트레스를 떨쳐 버릴 수 있다.

　우리의 소망은 온전히 하나님 안에 있어야 한다. 하지만 우리는 사람들에게, 우리의 삶에, 그리고 우리 자신에게 너무도 많은 기대를 하는 실수를 저지른다. 비록 상황이 실망스러울지라도 우리의 소망과 기대를 하나님께 둔다면, 하나님께서는 우리를 기뻐하실 것이다. 용서받지 못할 거라는 생각과 괴로움에 사로잡히지 말라. 하나님께서 당신을 붙들어 주실 수 있도록 그분의 품에 거하라.

8. 다른 사람들을 용서하는 사람이 되도록 기도하라.
누군가가 우리의 기대를 저버리면 우리는 고통스러워하고, 실망하며 어려움과 시련을 겪는다. 사람들은 우리에게 큰 상처를 줄 수 있다. 우리의 성공이나 행복은 사람의 손이 아닌 하나님의 손에 달려 있다. 인생의 궁극적인 성공이나 행복은 결코 다른 사람들에 의해 좌우되는 것이 아님을 기억하라. 우리는 우리 주위의 그들을 용서하고 놓아 주어야 한다. 그들이 우리에게 하거나 하지 않은 일 때문에 상처받지 말아야 한다.

> ✥ 도움이 되는 성경말씀 ✥
>
> "주의 눈은 의인을 향하시고 그의 귀는 저의 간구에 기울이시되 주의 낯은 악행하는 자들을 향하시느니라 하였느니라"(벧전 3:12).

우리에게 보상해 주시는 분은 바로 하나님 한 분이시다. 우리의 실망한 마음을 하나님께 내어 놓고 "주님, 나의 빛이 되셔서 내 상처받은 마음을 회복시켜 주세요."라고 고백한다면, 주님께서는 그분의 뜻 안에서 모든 일들을 속히 이루어 주실 것이다. 그러나 하나님과 다른 사람들을 비난하면서 그냥 어두운 괴로움의 수렁에서 뒹굴고만 있다면, 결국 우리의 고통은 더욱 심해질 것이다.

9. 당신 자신을 용서할 수 있도록 기도하라.

비록 최선을 다했지만, 나 자신의 부주의로 실패하거나, 어떤 나쁜 일에 대한 책임이 나 자신에게 있다고 생각할 때 매우 곤혹스러움을 느낀다. 그러나 이런 감정들은 우리가 감당해야 하는 것도 아니고, 우리가 감당할 수 있는 것도 아니다. 설사 잘못된 선택으로 어떤 결과에 대해 책임을 져야 한다고 할지라도, 하나님께서는 그 안에서 선한 것을 이루실 것이다. 매우 중대한 실수를 저질렀다 하더라도 우리가 하나님 앞에 겸손히 나아간다면, 그분께서는 우리의 죄를 용서해 주실 것이다.

물론 끊임없이 자신의 생각, 동기 그리고 행동을 검토해 보는 것은 좋은 일이다. 그러나 잘못된 모든 일들에 대해 "내가 그렇게 하지 않았었다면…", "내가 그렇게만 했었다면…", "내가 왜 그렇게 했을까?" 등의 부정적인 생각들로 끊임없이 자신을 탓한다면 오히려 역효과만 일어날 것이다.

10. 용기를 잃지 않도록 기도하라.

낙심은 물이 범람하듯이 당신을 침몰시킬 수 있다. 당신은 스스로 강하다고 생각하고 있을지라도, 실망스러운 마음은 한순간 몰려와 당신을 완전히 무너뜨릴 수 있다. 비록 고난의 끝이 보이지 않고 이 상태가 영원히 지속될 것 같으며, 더 이상 어떤 것도 견디어 낼 수 없을 것 같더라도, 당신을 강하게 하시는 그리스도 안에서 모든 것을 할 수 있다고 스스로에게 말하라(빌 4:13). '잠잠히 주님을 바라고, 주님만을 애타게 찾을 것'을 선언하라(시 37:7 참조). 하나님께서 오랫동안 준비해 오신 일은 한순간에도 이루어질 수 있다. 오늘이 그날일지도 모른다.

계속하기 위한 능력

당신의 상황이 지금 어떻든지 간에 하나님께서는 상상할 수 없는 큰 축복을 당신에게 주실 것이다. 그분께서 지금 바로 당신 곁에 계시며, 당신의 삶에서 힘 있게 역사하고 계신다는 사실을 알고 있는가? 그렇다면 기도를 그만둘 수 없을 것이다. 눈을 감고 그분의 이름을 불러 보라. 당신 곁에 계신 그분과 이야기해 보라.

당신이 두려움에 싸여 있을 때에도 하나님께서는 당신이 그분을 신뢰하며 그분의 평화를 발견하기를 원하신다. 오히려 지쳤을 때 당신은 하나님의 능력을 발견할 수 있을 것이다. 공허함을 느낄 때 채워 주시는 하나님을 만날 것이다. 슬퍼하는 당신을 위해 하나님께서는 기쁨이 되어 주실 것이다. 사납게 몰아치는 폭풍우 한가운데 있을지라도 하나님은 당신의 피난처 되시며 당신의 필요를 채우실 것이다.

결코 주위 환경에 눈 가려져 볼 것을 보지 못하는 맹인과 같이 되지 말라. 무슨 일이 일어날지 두려워하지 말고, 용기를 잃지 말며, 작은 일에 불평하지 말라. 당신의 상황 가운데서 하나님을 찾길 바라신다.

실망했을 때 하나님께서 그 일 가운데 이루고자 하시는 참된 뜻이 무엇인지 구별하도록 하나님께 도움을 청하라. 겸손하며, 순종

적이고, 믿음으로 가득 차서, 그리고 기대하는 마음으로 하나님께 나아간다면 하나님께서는 당신의 모든 일 가운데 그분의 선하심을 밝히 보여 주실 것이다. 이런 경험을 통해서 당신은 더욱더 그분께 가까이 다가가며, 하나님께서 당신과 함께하심을 확신할 수 있게 될 것이다. 하나님만이 당신의 모든 일들을 바른 길로 인도하시며, 그분만이 이런 일을 하실 수 있다.

비록 당신의 상황이 아무리 어둡게 보일지라도 하나님께서 당신의 빛이 되어 주시며, 하나님의 빛은 결코 꺼지지 않는다는 것을 기억하라. 아무리 어두운 구름이 당신을 덮칠지라도 하나님께서는 당신을 폭풍우 위로 끌어올리시며 당신을 위로해 주실 것이다. 오직 하나님만이 당신이 경험하고 있는 상실이 어떤 것인지 아시며, 그 빈 자리를 좋은 것으로 채우신다. 오직 하나님만이 당신의 슬픔과 고통의 무거운 짐을 감당하여 주시며 당신의 눈물을 씻어 주신다.

하나님께서 당신 삶에 이런 일들을 하실 수 있도록 하나님을 당신의 삶으로 초대하라. 그러면 매 순간마다 당신은 시련의 저 너머로 들려 올려질 것이며, 그곳에서 당신은 주님의 선함과 평화와 빛을 볼 것이며, 당신의 믿음은 날마다 성장할 것이다. 당신이 고통 당할 때 하나님께서는 당신을 만나시며, 당신을 완전하게 하실 것이다. 그리고 고통 당하는 다른 사람들을 불쌍히 여기는 마음을 날마다 더해 주실 것이다. 언제나 주님과 함께한다면, 하나님의 영광이 당신 안에서 항상 드러날 것이다.

> ❖ 도움이 되는 성경말씀 ❖
>
> "이는 저희가 싸울 때에 하나님께 의뢰하고 부르짖음을 하나님이 들으셨음이라"(대상 5:20).

그 길었던 일 년 반 동안의 고통과 분투를 통해서 하나님께서 나를 받으신 것처럼, 하나님께서는 힘들고 어려운 상황 가운데서 믿음을 지키는 당신을 받으실 것이다. 하나님께서 당신이 고난을 당할 때, 그곳에 항상 함께하신다. 고통 당할 때 절대 하나님을 놓지 말라. 하나님께 가까이 가라. 그분께서 당신을 치유하시고 깨끗케 하시도록 하라.

고난의 시간에 드리는 기도

"주님, 저의 모든 일 가운데 계시고, 그 모든 것을 통치하시는 하나님. 당신께 감사를 드립니다. 제가 강을 건널 때에 당신께서 저와 함께하시며, 강이 저를 침몰하지 않을 것입니다. 제가 불 사이로 걸을지라도 타지 않으며, 불꽃도 저를 사르지 못할 것입니다(사 43:1, 2 참조). 선하신 하나님께서 고난 받는 나를 위해 성령님을 보내시어 나의 위로자, 보호자가 되게 하셨기 때문입니다.

주님, 오늘 당신이 저를 위해 이루실 일들을 기대합니다. 소망을 당신의 말씀 안에 둡니다. 성령님으로 저를 새롭게 채워 주시고, 저의 모든 염려와 의심을 깨끗이 씻어 주세요. 저의 어두운 곳까지 당신의 빛으로 비춰 주세요. 주님께서 제 삶에 이루고자 하시는 뜻 안에 제가 거하며, 저의 불신과 인내하지 못하는 마음을 버리게 도와주세요. 비록 저의 삶이 제 마음대로 안 되고 힘들더라도, 당신과 함께라면 하나님께서 저를 위해 예비해 주신 길을 갈 수 있음을 믿습니다.

제가 당신의 방법을 이해하며 용기를 잃지 않도록 도와주세요. 저의 인생을 위해 계획한 당신의 완전한 타이밍을 믿고 의지하도록 믿음을 강하게 해 주세요. 제가 당신 안에서 안식하며 현재 삶에 만족하게 해 주세요.

저를 치유하시고 회복하시고 구속하시고 변화시켜 주시며, 제게 새로운 삶을 주시길 간구합니다. 제가 배워야 할 것들을 가르쳐주세요. 제가 이 고난의 시간을 넘어, 폭풍우를 지나 당신의 완전한 평화의 안식처에 거할 수 있도록 도와주세요. 아멘."

2 원하지 않은 사고

- 조니 에릭슨 타다
Joni Eareckson Tada

하나님을 가까이 하라 그리하면 너희를 가까이 하시리라.

_야고보서 4장 8절

몇 년 전 나는 자동차 사고로 크게 다쳤다. 그때 목 아래 부분이 마비된 나에게 정신치료사들은 나의 정신과 자존에 관한 여러 각도의 기본적인 질문들을 퍼부었다. 그러나 정작 내가 그들에게 하고 싶었던 질문은 그런 것들이 아니었다. "이런 상태로 앞으로 살아갈 수 있을까요? 우울증을 이길 방법은 없을까요? 이런 저에게도 과연 미래가 있을까요?" 안타깝게도 그들은 나의 이런 질문에 대답하지 못했다.

정답을 찾던 중, 성경이 아마도 이 문제들에 대한 해답을 가르쳐 줄지도 모른다는 생각이 들었다. 일 년이란 긴 시간 동안 병원에서 두 개의 길고 평평한 덮개들이 양쪽에서 마치 샌드위치처럼 환자를 싸고 있는 '스트라이커 틀'(환자의 몸을 고정시켜서 몸의 각 부분들이 각기 움직이지 않게 하면서 몸을 다양한 방향으로 돌릴 수 있게 해 주는 틀-역주) 위에 누워 있을 수밖에 없었다. 그 틀에 갇혀 꼼짝없이 천장을 바라보고 있어야 하는 두세 시간을 제외하면 나는 아래쪽을 바라보며 성경을 읽고, 연구하는 시간을 가졌다. 입에 막대기를 물고 성경의 여기저기를 넘겨 보며, 내가 제기한 문제의 해답을 성경에서 찾았다. 이 일은 너무나 힘들었다.

성경 읽기도 이젠 나에게 짜증스러운 일이 되었다. 성경에 나온 모든 내용들이 나와는 상관없어 보였다. '우리가 환난 중에도 즐거워한다.'는 구절을 여러 번 읽었으며, 기도서에서 읽었던 구절들을 기억하려고 했고, 찬양 가사들도 읊조려 보았다. 하지만 이 모든 것이 허튼짓 같았다.

일 년 후 더 이상 스트라이커 틀을 사용하지 않아도 되었지만, 나의 우울증은 더욱더 심해졌다. 나의 현실이 너무나도 비참하게 느껴졌기 때문이다. 다른 다섯 명의 여성들과 함께 지내게 되었다. 밤마다 울고 싶었지만, 울 수 없었다. 만약 울었다면, 눈물을 닦아주거나 코를 풀게 도와줄 사람이 없어서 나의 얼굴은 눈물과 콧물로 범벅이 되었을 것이기 때문이다. 나는 나의 감정이 아주 냉철한 상태로 지속되도록 안간힘을 다했다.

이런 나의 이야기를 아는 사람들은 당연히 다음과 같은 질문들을 하곤 한다. "그럼 어떻게 재기할 수 있었나요?" "당신의 터닝 포인트는 언제지요?" "당신 삶이 변화된 동기가 무엇인가요?"

끝이 보이지 않던 병원생활의 마지막 몇 달 동안, 나의 그리스도인 친구들은 나에게 큰 희망과 힘이 되었다. 그 친구들은 성경을 가져다주었고, 기타와 피자, 그리고 사이먼과 가펑클의 앨범들도 가져왔다. 그 친구들 중 재키라는 친구는 나와 함께 학교 하키팀에 있었던 그냥 평범하고 어린 학생이었다. 그녀는 예수님을 사랑했고, 내가 우울증을 극복하는 데 많은 도움을 주었다.

나를 도와주고자 찾은 나의 친구들에게 나는 고민하고 있는 문제들을 던졌다. "왜 하필이면 나지? 내가 어떻게 이 상황을 감당해

나갈 수 있을까?" "왜?"라는 질문은 기이한 면을 가지고 있다. 그것은 결코 건조하거나 추상적이거나 이론적이지 않다. 그것은 칠판에다 적어가며 궁리하다가 짤막한 한마디로 정답을 말할 수 있는 그런 질문이 아니다. 고통은 결코 차분하거나 초연하거나 감정이 없는 그런 것이 아니다. 고통을 한마디로 깔끔하고 단정한 방식으로 표현할 수 없다. 고난으로 힘들어하다 결국 분에 겨운 우리는 "왜?"라고 질문한다. 그럴 때 우리는 화가 난다!

> ❖ 도움이 되는 성경말씀 ❖
>
> "내가 나의 침상에서 주를 기억하며 밤중에 주를 묵상할 때에 하오리니 주는 나의 도움이 되셨음이라 내가 주의 날개 그늘에서 즐거이 부르리이다 나의 영혼이 주를 가까이 따르니 주의 오른손이 나를 붙드시거니와"(시 63:6~8).

나의 친구들은 정말 고마운 이들이다. 특별히 열일곱 살의 학생답게 순수한 방법과 마음으로 나의 분노와 질문들을 받아 준 재키에게 더욱더 감사의 마음을 전하고 싶다.

모두들 깊은 잠에 빠진 어느 밤, 또다시 미칠 것같이 괴로운 감정이 몰려오는 것을 느끼며 내가 언제까지 이 감정으로부터 냉정할 수 있을까 고민하고 있었다. 그때 갑자기 문이 열리고 어떤 사람이 내 쪽으로 기어서 다가오고 있는 것을 발견했다.

"재키!" 나는 놀라 소리쳤다. "재키, 만약 병원 사람들이 알면 너는 당장 쫓겨나!"

"쉿!" 그녀는 마치 친구들과 파자마 파티 때 하는 것처럼 내 침대로 살며시 기어들어와 내 쪽으로 꼭 붙어 내 베개를 베고 누웠다. 그러더니 아무 말도 없이 아주 작은 목소리로 노래를 불렀다. "슬픔의 사람, 어찌 그 이름이 이 땅에 멸망한 죄인들을 구하기 위하여 오셨던 하나님 아들의 이름이 아니겠는가, 할렐루야, 어찌 그 이름이 우리 구원자의 이름이 아니겠는가."

재키는 내 손을 끌어다가 자기 손과 깍지를 끼웠다. 내 손이 마비되어 아무것도 느낄 수 없다는 것을 알고 있었지만, 그녀는 우리 둘의 손을 위로 번쩍 치켜들었다. 그리고 또 찬양했다. "슬픔의 사람, 어찌 그 이름이 이 땅에 멸망한 죄인들을 구하기 위하여 오셨던 하나님 아들의 이름이 아니겠는가, 할렐루야, 어찌 그 이름이 우리 구원자의 이름이 아니겠는가."

내 고통의 이유

나는 하나님께서 나의 복잡한 질문들에 대한 해답을 갖고 계심을 안다. 나의 몸이 마비된 상태로 살아온 지 35년이라는 세월이 지났다. 그 긴 세월 동안 하나님 말씀만이 고통 받는 사람들에게 풍요, 깊음, 경이로움, 만족을 주는 원천이라는 사실을 발견했다. 하나님께서는 그분만이 아시는 이유들을 가지고 계신다. "왜?" 또는

"왜 우리만 고통을 경험하는 거지?"라는 질문에 대한 그분의 대답은 우리에게 연단된 믿음, 강인한 품성, 그리고 깨끗케 된 마음을 주시려 한다는 것이다.

상처받은 당신의 마음이 마치 스펀지 쥐어 짜이듯이 아플 때, 마음이 무감각하다 못해 감정이 뒤죽박죽된 것조차 깨닫지 못할 때, 상처에 소금을 뿌리는 것 같은 아픔을 주는 이 모든 일들이 일어나는 열여섯 가지의 성경적 이유가 있다. 마음의 상처로 인한 출혈은 단순하게 누군가가 옳고 진리인 것 같은 해답들을 하나하나 열거한다고 해서 멈출 수 있는 것이 아니다. 당신의 일부를 잃었을 때, 혼자만의 고통으로 힘들어할 때 이 문제들에 대한 해답이 당신의 감정이나 마음의 아픔들을 치유할 수 없다.

만약 우리가 사고를 당한다면 마치 상처받은 어린아이가 크고 강한 아버지에게로 달려가 "왜 이런 일이 일어났죠?"라고 묻듯이 우리도 그럴 것이다. "글쎄 얘야, 그렇게 묻다니 참 기특하구나. 자, 생각해 보자. 이 모든 일들은 너를 향한 나의 계획대로 되고 있단다. 그래서 이건 이렇게 되고 저건 저렇게 된 거지." 나는 모든 것을 초연한 듯, 아이를 내려다보면 이렇게 냉정하게 말하는 아버지의 모습은 참 아버지의 모습이 아니라고 생각한다. 상처받은 아이는 아버지가 자신을 들어 안고는 이렇게 말하길 바랄 것이다.

그것이 바로 진심에서 우러나는 간구이다. 그렇지 않은가? 우리는 확실한 보증을 원한다. 비록 우리의 현실이 불행하더라도 그 문제들을 초월하는 이치가 있다는 확신을 아버지로부터 받기 바란다. 우리의 세계가 갈기갈기 찢기지 않을 것이라는 확실한 보증을 원한다. 우리의 세계가 정돈되고 안정되었고 안전하다는 확신을 갖기 원한다. 하나님께서 우리의 모든 일들 가운데 계셔서 그 일들을 주장하시기를 원한다.

그분께서는 분명히 우리의 고통 한가운데 계시며, 좋으신 분이시다. 우리의 따뜻하고 친절하며 자상한 '아빠' 이시다. 이 사실을 알기 때문에 "왜?"라고 물으며 부르짖을 수 있다. 고통의 문제는 어떤 것과 상관있는 것이 아니라 어떤 분과 상관있다. 그렇기 때문에 그 문제에 대한 해답도 어떤 것이 아니라 어떤 분이시다. 그리고 육체의 좋은 아버지처럼 하나님께서도 많은 답변들을 주시기보다는 그분 자신을 우리에게 주신다.

> ❖ 도움이 되는 성경말씀 ❖
>
> "만일 우리가 보지 못하는 것을 바라면 참음으로 기다릴지니라"(롬 8:25).

병원에 입원한 지 이 년이 지나서야 이 사실을 깨달았다. 그즈음에 나는 내 감정을 냉정하게 다스리는 일을 포기하고, 나를 찾아오시는 예수님을 만나려고 노력했다. 내 상상 속의 예수님은, 마치 재키가 병원의 규율을 어기고 몰래 나의 병실을 찾았던 것처럼 나에게 다가오시는 분이시다. 내 침대 쪽으로 걸어와 침대 가장자리에 앉으신 예수님께서는 내 머리카락을 쓸어내리시며 다른 한 손의 못 자국 난 상처를 보여 주셨다. 그리고 말씀하셨다. "조니야, 만약 내가 너를 위해 죽을 만큼 사랑한다는 것을 알면, 너의 모든 고통과 문제들에 대한 해답이 내게 있다는 것을 알고 나를 신뢰할 수 있겠니?"

하나님께서는 우리에게 그분 자신을 주셨다. 시편 18편에 보면, 하나님께서는 정답을 찾아 헤매며, 구원을 갈급해 하는 사람을 위해 요새가 되어 주신다. 시편 2편을 보면, 고아의 아버지가 되어 주신다. 이사야 62장에 보면, 과부의 신랑이 되어 주시며, 이사야 54장에 보면, 결혼할 수 없을까 봐 두려워하는 한 여인의 남편이 되어 주신다. 출애굽기 15장에서는 병자의 치유자이시며, 이사야 9장에서는 조울증 환자의 훌륭한 상담자가 되어 주신다. 요한복음 4장에서는 목마른 자들의 생명수가 되시며, 요한복음 6장에서는 이 세상이 줄 수 없는 영생의 양식에 주린 모든 사람들을 위한 하늘나라의 문이 되신다.

어떻게, 왜 하나님께서 고통을 창조하셨는지가 중요한 것이 아니다. 중요한 것은 그분이 모든 것의 해답이 되시며, 우리에게는 그분이 필요하다는 것이다. 나는 재키가 나의 병동에 몰래 들어온 그 밤에 이 사실을 깨달았다. 그날 밤 재키는 '슬픔의 사람'을 부르는 것 외에는 아무 말도 하지 않았지만, 나는 그를 통해 가장 중요한 절대 진리를 깨달았다. 하나님께서 선하시다는 진리 말이다.

입에 막대기를 물고 성경을 읽기 시작한 몇 년 동안 하나님은 선하시다는 사실을 더욱 분명히 알게 되었다. 그분은 가장 선하신 분이다. 정말이다. 왜냐하면 그분께서 우리의 모든 문제에 대한 해답을 주셨으며, 더욱 중요한 것은 그분 자신께서 그 해답이 되시기 때문이다. 하나님께서는 그저 우리에게 많은 말씀만 해 주시지 않으시고, 직접 진리의 말씀이 되어 주셨다. 상상해 보라. 만약 당신이 우주의 중심에 있다면, 그리고 사도행전 17장 28절의 말씀처럼 모든 것이 당신 안에 있고, 당신을 힘입어 움직이고 숨쉰다면, 당신은 당신 자신을 주는 것 외에 다른 일을 할 수 없을 것이다. 당신 자신을 준다는 것은 당신의 모든 것을 주는 것이다.

휠체어와 함께 살면서부터 깨달은 것은 하나님께서 나를 소유하셨다는 것이다. 그분께서는 십자가 위해서 많은 것을 설명하지 않으셨다. 내 몸이 마비되기 시작했을 때 내가 수없이 퍼부었던 질문에 침묵하셨다. 그 대신 스스로 그 대답이 되셨다. 그 말씀은 육신이 되셔서 십자가에 못 박혔으며, 그 살은 찢기고, 사람들의 욕설과 비난을 겪으시는 수모를 당하셨다. 이것은 주님이신 예수님의 사랑에 관한 어떤 단순한 사실들이 아니다. 한 성인이 말했듯이, "불만큼이나 강렬한 사랑"이다.

나는 고통 당하는 자를 위해 죽으신 예수님의 십자가를 기뻐한다. 나는 우리 하나님께서 그저 어느 높은 산 위에 앉아서 엄지손가락이나 만지작거리며 명상이나 하고 종교적인 권위를 앞세우는 신비주의자가 아니라, 자신을 비난하는 사람들의 손에 의해 심한 고통을 당하시고 누추한 모습으로 피 흘려 죽으신 우리의 구원자이심에 진심으로 감사드린다.

하나님께서 우리에게 고통을 허락하시는 이유는 그분과 우리 사이를 가로막는 것이 아무것도 없게 하기 위해서이다. 우리는 고통스럽고 아플 때 좀 더 쉽게 무릎을 꿇게 되고, 우리의 마음은 주님께로 열릴 것이다. 우리가 주님 안에 있다면 어려움, 고난, 위험 등 그 어느 것도 우리를 그리스도의 사랑에서 떼어 놓을 수 없을 것이다. "내가 확신하노니 사망이나 생명이나 천사들이나 권세자들이나 현재 일이나 장래 일이나 능력이나 높음이나 깊음이나 다른 아무 피조물이라도 우리를 우리 주 그리스도 예수 안에 있는 하나님의 사랑에서 끊을 수 없으리라"(롬 8:38, 39).

하늘로부터 온 미소

이혼하거나 심한 우울증에 시달릴 때, 또는 뉴스에서 나쁜 소식을 보았을 때 우리는 자연히 하나님의 선하심을 의심한다. 그리고 예수님 안에 있는 하나님의 선하심을 발견할 때까지 계속해서 하나님을 의심할 것이다. 우리는 예수님을 바라보아야 한다. 고난, 육체의 고통, 그리고 파괴된 가정들에 대해 하나님께서는 당신이나 나와는 다른 시각을 갖고 계신다. 그것이 폭력이든, 전쟁이든, 이혼이든 또는 우울증이든지 하나님께서는 모든 것들을 용납하시고 허락하시며 판결하신다.

사탄은 결코 이 세상에서 일어나는 일들에 대한 결정권을 갖고 있지 않다. 하나님만이 그 권한을 갖고 계신다. 만약 그분이 그 권한을 갖고 있지 않았다면, 그분은 다만 악마의 계략들에 반응만 하시는 분일 뿐이며, 이런 분은 성경에서 말하는 하나님이 아니다.

그렇다면 하나님께서는 왜 이 세상이 거짓과 속임수로 가득하며, 좌절과 고통, 실망으로 황폐케 되는 것을 허락하시는 것일까? 지난 35년 동안 마비된 몸으로 살면서, 나는 이런 질문에 자신 있게 대답할 수 있게 됐다. 매일 아침마다 잠이 덜 깬 상태에서 나는 이렇게 속삭인다.

"하나님, 나는 더 이상 이렇게 살 수 없습니다. 물론 나의 삶을 사시는 분은 당신이시지만, 나에게는 죽는 것이 더 낫습니다. 너무나도 힘듭니다. 목과 어깨의 통증이 이제 지긋지긋합니다. 몸이 마비되는 것만으로는 충분하지 않았나요? 그것으로 내 인생에 겪어야 하는 고통을 다 당한 거 아니었나요? 내가 왜 이런 고통을 지고 평생 살아야 합니까? 하나님, 친구에게, 사랑하는 사람에게 미소조차 지어 보일 수 없습니다. 나는 당신이 필요합니다. 나는 당신이 너무도 필요합니다. 주님이신 예수님, 제발 나를 도와주세요. 내가 당신의 웃음을 빌려서 미소 지을 수 있도록 도와주세요. 나는 당신이 필요합니다."

스캇 펙은 그의 책에서 다음과 같이 말했다. "인생은 살기 어려운 것이어야 한다." 그 책에서 예수님의 말씀을 인용한 부분은 내가 좋아하는 구절이다. "세상에서는 너희가 환난을 당하나"(요 16:33). 바로 이 말씀 때문에 고린도후서 4장 7~10절의 말씀도 매우 좋아한다. 그 중심부분은 다음과 같다. "우리가 사방으로 우겨쌈을 당하여도 싸이지 아니하며 답답한 일을 당하여도 낙심하지 아니하며 핍박을 받아도 버린 바 되지 아니하며 거꾸러뜨림을 당하여도 망하지 아니하고"(고후 4:8, 9).

삶은 어려운 것일 수밖에 없다. 우리는 매일 주님이신 예수 그리스도의 죽음과 같은 것을 경험한다. 이것은 우리를 우리 몸 안에서 예수님의 능력과 생명을 경험하도록 이끈다.

매일 아침 나는 제일 먼저 만나는 사람에게 미소를 지어 보일 수 있다. 그 미소는 내가 짓는 것이 아니라 하늘나라로부터 직접 온 선물이다.

에이브러햄 링컨이 이런 말을 한 적이 있다. "이런 약함이 바로 더 이상 갈 곳이 없다는 우리의 확신을 뒤집고, 우리가 하나님께로 계속해서 달려가게 하는 원동력이다. 그분 외에 그 어떤 것도 우리에게 도움을 줄 수 없다. 우리의 희망은 그분 외에는 아무것도 없다."

하루는 물리치료사에게 목과 어깨의 통증을 완화시킬 수 있는 방법은 없는지 물어보았다. 그때는 어떤 명상요법이나 치료방법이 있기를 진심으로 바랐지만, 지금 나의 희망은 오직 예수님 안에 있음을 알고 있다. 어쩔 때는 그분께서 이 모든 일을 주관하신다는 사실이 놀랍다. 우리는 능력과 도움, 희망, 심지어는 웃을 수 있는 능력을 얻기 위해서도 그분께로 나아가야 한다.

사실 우리는 두 배의 축복을 받았다. "오직 우리의 시민권은 하늘에 있는지라 거기로서 구원하는 자 곧 주 예수 그리스도를 기다리노니 그가 만물을 자기에게 복종케 하실 수 있는 자의 역사로 우리의 낮은 몸을 자기 영광의 몸의 형체와 같이 변케 하시리라"(빌 3:20, 21). 로마서가 우리에게 소망 안에서 즐거워하라고 명령하는 것도 놀라운 일이 아니다. 언젠가 하늘나라에서 경험할 것이 무엇인지를 제대로 이해하고 있다면, 우리는 아마도 로마서가 이야기하는 것보다 훨씬 더 기뻐할 것이다. 심지어 슬픈 상황에서도 우리는 기뻐할 것이다.

우리는 아무것도 가지고 있지 않지만, 우리가 가진 미래의 소망

안에서 모든 것을 가지고 있다. 나는 언젠가 새 몸을 갖게 될 것이다. 요한계시록 7장 17절은 하나님께서 친히 우리의 눈물을 닦아 주실 것이라고 말씀하신다. 얼마나 대단한 일인가? 하나님께서 친히 나의 눈물을 닦아 주실 것이다. 마침내 내 눈물을 닦을 수 있는 새 손을 얻게 될 때, 나는 눈물을 흘릴 필요가 없다는 사실은 참으로 아이러니하다.

언젠가 아름다운 나의 새 몸을 갖게 될 때 부활된 나의 다리로 우뚝 서서 나의 손을 높이 들고 나의 손가락들을 쫙 펴서 전 우주에 있는 모든 육체들에게 소리칠 것이다. "죽임을 당하신 어린 양이 능력과 부와 지혜와 힘과 존귀와 영광과 찬송을 받으시기에 합당하도다"(계 5:12). 지금 이 세상에서 나는 아주 보잘것없는 싹과 같지만 언젠가는 꽃처럼 아름답게 필 것이다. 이 영광의 새로운 몸과 더불어 영광의 새로운 마음도 함께 얻게 될 것을 믿는다. 사실 나는 새 몸을 갖게 되는 것보다 새 마음을 얻는 것이 더 기쁘다.

나는 더 이상 시큰둥하게 하품이나 하면서 주님을 찬양하지 않을 것이다. 더 이상 혼란스런 마음도, 더 이상 야비함이나 비열함도, 더 이상 옹졸한 복수심도 없을 것이다. 〈성공회 기도서〉에 다음과 같은 고백문이 있다. "전능하시고 만물의 근원이 되시는 아버지, 내가 양과 같이 다른 길로 가서 헤맸습니다. 내가 가고 싶은 길로 갔습니다. 너무나도 내 마음의 계획과 욕망대로 살아왔습니다. 당신의 거룩하신 율례를 거역했습니다. 해야 하는 일은 하지 않고, 하지 말아야 하는 것을 했습니다." 내가 즐겨 묵상하는 이 고백문과 같은 죄의 고백도 더 이상 없을 것이다.

휠체어에서 드리는 고백

나는 소망한다. 내가 새로 부활된 몸을 입고 하늘나라로 들어가는 것을 말이다. 아마 신학적으로 옳지 않은 이야기일 수도 있겠지만, 나는 나의 오래된 휠체어를 가지고 하늘나라로 들어가고 싶다. 나의 휠체어는 최신식으로 버튼으로 뭐든지 조정할 수 있게 된 것이 아니라 오래되어 볼품없고 더러운 옛날 것이다. 나는 이것을 예수님께 보여 드리고 싶다. 그리고 그분께 이렇게 말하고 싶다. "주 예수님, 이것 보세요. 당신께서 이것을 지옥으로 던져 버리시기 전에 제가 말씀드리고 싶은 것이 있습니다. 제가 30년이 넘는 세월을 이것과 함께 지냈었는데, 당신 말씀이 옳았어요. 저는 세상에서 참으로 많은 어려움들을 겪었습니다. 그러나 휠체어에서 살아야 하는 인생이 힘들다고 느낄수록 저는 당신께 더욱더 의지하게 됐지요. 주님, 당신께 의지하면 할수록 당신께서 나와 함께하신다는 것을 더욱 확실히 느낄 수 있었습니다. 제가 당신의 고통에 참여할 수 있었던 특권에 비하면, 고통은 정말 가볍고 순간의 것이었습니다. 당신께서는 저의 죄를 사하기 위하여 죽으셨고, 저는 죄 때문에 죽었습니다. 그리고 그것 때문에 당신의 죽음 안에서 당신과 같이 될 수 있었습니다. 만약 제 몸이 마비되지 않았었다면, 전 아마 이런 사실들에 대해 별 관심도 기울이지 않았을 것 같습니다. 주님, 당신의 고통에 참여하면서 당신께 더욱 가까이 다가갈 수 있었어요. 당신의 능력을 느낄 수 있었지요. 다른 사람들에게 당신의 미소도 보여 줄 수 있었고요. 더욱더 놀라운 것은, 제 심장이 당신만을 위해 고동쳤답니다."

> ✤ 도움이 되는 성경말씀 ✤
>
> "시온에 거하며 예루살렘에 거하는 백성아 너는 다시 통곡하지 않을 것이라 그가 너의 부르짖는 소리를 인하여 네게 은혜를 베푸시되 들으실 때에 네게 응답하시리라"(사 30:19).

많은 사람들이 이렇게 묻는다. "만약 가능하다면, 완전히 치료되어서 건강하게 되길 원하나요?" 나의 대답은 항상 같다. "물론이지요. 하지만 만약 내가 고통 당하면서 가질 수 있었던 하나님과의 친밀한 교제가 다 나은 후 없어진다면, 완치를 원하지 않습니다." 이 글 처음에 인용했던, 우리를 화나게 하고 우리의 실제 삶과는 동떨어져 보이던 그 성경 구절들을 기억해 보라. '우리의 잠시 받는 환난을 경한 것'으로 여기라는 성경 구절들 말이다. 이런 마음은 우리가 하늘나라에 있다고 생각할 때 가능한 것이다. 하늘나라는 그리스도인들이 바라는 가장 좋은 것이다. 하늘나라는 거론되어서는 안 되는 어떤 정신적인 버팀목과 같은 것이 아니다. 하늘나라는 분명히 실재하는 것이다! 이 세상은 단순히 우리 삶의 첫 표지와 같은 것이다. 진짜 이야기는 아직 전개되지도 않았으며, 우리는 하늘나라를 향한 소망으로 뛰는 가슴을 가지고 우리 자신들을 강하게 해야 한다.

이상하게 들릴지 모르지만, 고통은 사람들을 예수님께로 향하도록 자극할 때 잠시 잠깐 겪게 되는 불편과 같은 것일 뿐이다. 당신의 아픔 때문에 괴로운가? 당신이 거절당했다고 생각하는가? 사랑하는 사람으로부터 버림받았다고 느끼는가? 역사상 예수님보다 더 심하게 하나님으로부터 버림받은 사람은 없을 것이다. 그 이유가 무엇인가? 진정으로 예수님을 필요로 하는 사람들에게 다음과 같이 말씀하실 수 있기 위해서이다. "내가 너를 결코 떠나지 않을 것이다. 내가 결코 너를 버리지 않을 것이다."

친구들에게 잊혀져서 외로운가? 예수님께서는 인생의 가장 중대했던 시간에 그의 제일 친했던 세 친구들과 함께 기도하길 원하셨지만, 그들은 단 한 시간도 주님과 함께 기도하지 못했다(막 14:37). 이 세상이 당신을 무시하는 것 같은가? 예수님께서는 당신보다 먼저 그것을 경험하셨다. 하나님께서 당신을 지옥으로 내려보내셨는가? 그렇다. 하나님께서 그렇게 하셨다. 피터 크리프트 박사는 다음과 같이 말했다. "당신은 거의 모든 것을 견뎌낼 수 있다. 심지어 암으로 죽어 가면서 병원 침대에 쇠약한 모습으로 앉아 있는 것조차도 견뎌낼 수 있다. 만약 당신 옆에 하나님께서 앉아 계시다는 것을 안다면 당신은 거의 모든 것을 견뎌낼 수 있다."

얼마 전 고등학교 동창회에 참석하기로 한 나는 나의 남편 켄을 동창들에게 자랑하고 싶은 마음에 들떠 있었다. 나는 동창회장에게 전화를 걸어서 말했다. "이번 동창회 진짜 재미있을 것 같아. 난 정말이지 토미와 린다 스너프를 빨리 보고 싶어. 그리고 내 친구 재키를 볼 수 있다고 생각하니 너무 좋아서 흥분되는구나. 내가 정말 좋아했던 하키 팀 친구 말이야." 그러나 전화기 반대편 친구는 아무 말이 없었다.

친구가 말했다. "조니, 너 그 소식 못 들었나 보구나. 그래, 네가 그 소식을 들을 수 없었겠구나. 그게 바로 어젯밤 일이니깐. 저녁 뉴스에도 보도됐어." "뭐야, 무슨 일이야?"

재키가 요 몇 년 사이에 힘든 일들을 겪고 있다는 것은 알고 있었다. 그녀의 남편이 두 자녀를 남겨 둔 채 그녀를 떠난 후, 한 아이가 심한 우울증 발작 증세를 일으켜 힘들어했다. 그 소년은 신앙을 갖는 듯하더니, 곧 그것을 버리고 나쁜 패거리에 합류하였다는 소식까지 들었다.

"어젯밤에 재키의 아들이 집에 불을 질러서 집 전체가 다 타고 그 애도 타 죽었어. 그 아이가 자살하기 전에 써 놓은 쪽지가 우편함 속에 있었대. 조니, 내 생각에 재키는 이번 동창회에 못 올 것 같아."

나는 전화를 끊자마자 재키와 통화하려고 여러 번 시도했지만, 결국 통화할 수 없었다. 그래서 나는 내 친구 재키에게 편지를 썼다.

사랑하는 재키에게

나와 내 남편 켄이 볼티모어로 갈 예정인데, 거기서 너를 만났으면 좋겠구나. 너를 만나서 네가 그전에 병원에 있는 내게 그랬던 것처럼 너의 손을 잡아 주고 싶어. 그리고 네가 찬양 '슬픔의 사람'을 불러 줬던 것처럼 나도 너에게 노래해 주고 싶어. 내가 할 수 있는 말은 이것밖에 없구나. 슬픔의 사람이 너의 위로자가 되시기를 간절히 바란다. 그리고 그때 병원에 너로 인해 받은 느낌을 너도 느낄 수 있었으면 한다. 이상하게도 내 전체가 평온해지는 느낌 말이야. 정답은 알 수 없었지만, 평화를 경험했어. 그 30년 전 밤이 기억나니? 나는 그날 밤을 한 번도 잊은 적이 없단다.

동창회에 참석하기 위해 볼티모어로 간 나와 켄은 동창회가 있기 바로 전에 재키와 함께 저녁 식사를 했다. 우리는 해결 방법을 찾으려고 애쓰지 않았다. 하지만 고통을 생생히 느낄 수 있었다.

"내가 내 중심을 잃을 때마다…" 그녀는 십자가 목걸이를 꽉 잡으며 말했다. "나는 이것을 기억해. 네가 아플 때, 네 가슴이 고통으로 쓰릴 때, 갑자기 네 두 팔과 두 다리가 마비가 되어 네가 움직일 수 없거나, 또는 네 남편이 너를 떠나거나 네 아들이 자살했을 때, 그것에 대한 해답을 찾으려고 시도하는 것은 소용없는 일이라는 것을. 그 모든 고통의 사실들은 과거에 분명히 일어났었고, 또한 미래에도 일어날 거야. 그러나 우리에게 한 장소, 한 인간의 회복을 위한 가장 중요한 장소가 있는데, 그곳은 바로 소변과 땀 냄새와 죽음의 악취가 풍기는 그리스도의 피 묻은 십자가야. 토머스 벤틀리는 말했어. '우리를 만족시킬 수 있는 유일한 해답은 무엇보다도 고통스러운 십자가에 달리신 그리스도의 고난을 생각하는 것이다.' 라고. 언젠가 그분께서 우리에게 잠겨진 것들을 열 수 있는 열쇠를 주실 것이고, 우리는 그 열쇠를 가지고 우리가 당한 고통들에 대한 이유들을 알 수 있을 거야. 그때까지는 그 슬픔의 사람에게 의지하는 것만으로도 만족해."

> **✢ 도움이 되는 성경말씀 ✢**
>
> "우리 가운데서 역사하시는 능력대로 우리의 온갖 구하는 것이나 생각하는 것에 더 넘치도록 능히 하실 이에게 교회 안에서와 그리스도 예수 안에서 영광이 대대로 영원 무궁하기를 원하노라 아멘"(엡 3:20, 21).

3 갈등해소

- 레슬리 버닉
Leslie Vernick

화평케 하는 자는 복이 있나니 저희가 하나님의 아들이라 일컬음을 받을 것임이요. _마태복음 5장 9절

내가 어렸을 때 유치원에서 처음 배운 시의 내용은 이랬다. "설탕과 향기와 모든 좋은 것들로부터 어린 소녀들이 만들어졌지." 그러나 소년들은 "뱀들과 달팽이들과 강아지"같이 지저분한 것들로부터 만들어졌다고 했다. 하지만 불행하게도, 그 모든 달콤함의 유산은 우리 여성들의 삶 안으로 파고들어 왔다. 우리 중에 갈등하지 않는 사람은 없다. 만약 우리가 '그리스도인들'이라면, 우리는 갈등의 요소를 가지고 있지 않아야 할 것 같은데도 말이다.

이 문제에 대해 신중히 생각해 본 나는 어린 시절이 떠올랐고, 어떻게 불화를 해결하는지를 배웠던 것이 생각났다. 잠들기 전에 침대에서 듣던 옛날이야기들의 여자 주인공들은 어린 나에게는 영웅과도 같은 인물들이었으며, 나에게 많은 교훈을 가르쳐주었다.

그 첫 번째 주인공은 백설공주이다. 백설공주는 아버지와 계모와 함께 살았다. 아버지는 늘 먼 곳으로 여행을 다녀서 그녀와 함께 있는 시간이 많지 않았고, 계모는 그녀의 아름다움을 질투해서 그녀를 괴롭히는 악한 사람이었다. 계모가 그녀를 싫어하는 것을 몰랐던 순결한 백설공주는 계모가 그녀를 죽이라고 사냥꾼에게 명령한 사실을 들었을 때 큰 충격을 받았다. 그러나 백설공주는 계모와의 관계가 나빠지기를 원치 않았으며, 그 사실을 아무에게도 이야기하지 않았고, 그냥 도망치기로 결심했다. 마침내 일곱 난쟁이

> **✣ 도움이 되는 성경말씀 ✣**
>
> "아무에게도 악으로 악을 갚지 말고 모든 사람 앞에서 선한 일을 도모하라 할 수 있거든 너희로서는 모든 사람으로 더불어 평화하라"(롬 12:17, 18).

들과 함께 살게 되었다. 하지만 백설공주의 계모는 결국 그녀를 찾아내서 그녀에게 독이 든 사과를 먹게 하였다. 백설공주가 살 수 있는 유일한 길은 멋진 왕자님이 그녀를 구해 주는 것이었다.

내 어린 시절의 두 번째 영웅은 신데렐라였다. 가진 것은 없지만 사랑스럽고 순결했던 신데렐라는 계모와 계모의 딸인 못생긴 두 언니와 함께 살았다. 그녀와 그 세 사람은 끊임없는 갈등 가운데에서 살았다. 그러나 그녀는 결코 큰소리로 소리치지 않았으며, 그 세 사람이 자기를 학대한다는 사실을 아무에게도 말하지 않았다. 그러나 신데렐라에게는 그녀를 도와주는 요정 대모가 있었다. 그리고 결국 그녀는 멋진 왕자님에 의해 구출되었다.

세 번째 영웅은 잠자는 숲 속의 공주였다. 다 비슷한 이야기들이다. 지금쯤 당신은 내가 하고 싶은 말이 무엇인지 눈치 챘을 것이다. 내 또래 여성들은 소녀가 자라면, 아름답고 친절하고 힘없는 여성이 되든지, 아니면 못생기고 비열하고 악한 여성이 된다고 믿으면서 자랐다. 이 두 가지가 바로 우리가 알고 있었던 여성상의 전부였다.

우리가 아는 여성들 중 훌륭한 모범이 될 만한 여성들, 즉 강하고 친절하고 사랑스럽고 확고한 인물들은 몇 명 되지 않았다. 주로 수동적이거나 공격적인 두 가지 면 중 한 면만을 지니고 있는 여성들에 대해 배웠다.

자연스러운 일이겠지만, 우리 세대 여성 중 일부는 자신을 신데렐라 같은 여성상에 맞추어 살아왔다. 그리고 어떤 갈등의 관계에 있을 때, 그리스도인 여성은 비그리스도인 여성이 느끼는 것보다 더 큰 갈등을 경험할 것이다. 그리스도인들은 그리스도가 우리를 사랑하셨듯이 다른 사람들을 사랑해야 한다는 계명을 지키며 살아야 하기 때문이다. 그러나 사랑 안에서 진리들을 말하며, 자기 멋대로 살아가는 사람들을 훈계하고, 죄를 대적하고, 세상의 소금과 빛이 되라는 성경의 명령들도 지켜야 하는 그리스도인들에게 이 계명을 기억하며 살아야 한다는 것은 사실 너무도 어렵다.

사실 그리스도인들은 다음과 같은 상황이 일어날 때 어찌할 수 없는 진퇴양난에 빠지곤 한다. 상대방이 불의하게 당신을 공격할 때 과연 참고 용서해야 하는가, 아니면 큰소리로 여러 사람에게 말하며 대항해야 하는가? 일터나 교회나 가정에서 갈등을 직면할 때 당신은 어떻게 하는가? 움츠러들며 숨어 버리는가? 당신은 침묵하는 수동적인 성향을 가지고 있는가? 아니면 공격적인인가? 혹은, 미리 깊이 생각해 보거나 기도하지 않고, 생각나는 대로 떠드는가?

갈등과 그 이유들

갈등은 다른 사람과 나 자신이 반대되는 관점을 가졌을 때 일어난다. 그것은 불화를 초래하기도 하고, 건설적인 토론으로 이어지기도 한다. 그러나 대체로 갈등은 다른 사람의 생각, 감정이나 가치에 동의하지 않기 때문에 생기며, 서로 자신의 입장만을 방어하고 다른 사람들이 자신의 입장에 동조하도록 납득시킨다. 갈등이 커지는 데는 여러 가지 이유가 있지만, 그 중 세 가지에 대해 이야기하고자 한다.

1. 다른 사람의 의견을 인정하지 않을 때 갈등이 일어난다.
민수기 12장에서, 미리암은 모세가 한 구스 여인과 결혼하려는 결정에 찬성하지 않았다. 결국 그녀는 그 공동체 안에서 불화를 선동하며 "여호와께서 모세와만 말씀하셨느냐 우리와도 말씀하지 아니하셨느냐 하매 여호와께서 이 말을 들으셨더라."(민 12:2)라고 말했다.

이 같은 비슷한 상황이 당신에게도 일어날 수 있다. 누군가가 당신의 행동이나 의견에 대해 반대해서 당신이 없을 때 당신에 관한 나쁜 말을 할 수 있다. 그들은 고의로 갈등을 조장할 수도 있다. 당신 또한 그들의 의견이나 행동에 찬성하지 않을 수도 있다. 당신은 그들과 일차적인 관계를 갖고 직접적인 대화와 행동을 나누고 있는가? 아니면 제3의 사람들에게 그들의 험담을 늘어놓고 있지 않는가? 당신의 행동이 직장이나 교회에서 갈등을 일으키고 있지는 않는가?

2. 질투할 때 갈등이 일어난다.

사무엘상 1장 29절은 사울 왕과 다윗에 관해 이야기하고 있다. 그들의 관계는 처음에는 좋았다. 다윗은 심지어 사울 왕을 위해 하프까지 연주해 주었다. 그러나 다윗이 골리앗을 죽이고 그의 인기가 치솟자, 사울은 다윗을 질투했다. 결국 그들의 관계는 갈등으로 찢어졌다. 사실 그 갈등은 그 두 사람의 불화로 인한 것이 아니라, 사울의 감정 때문에 초래된 것이었다. 그가 다윗을 시기했기 때문이다.

3. 이기심 때문에 갈등이 일어난다.

야고보서 4장 1, 2절은 말씀한다. "너희 중에 싸움이 어디로, 다툼이 어디로 좇아 나느뇨 너희 지체 중에서 싸우는 정욕으로 좇아 난 것이 아니냐 너희가 욕심을 내어도 얻지 못하고 살인하고 시기하여도 능히 취하지 못하나니 너희가 다투고 싸우는도다 너희가 얻지 못함은 구하지 아니함이요."

우리는 서로서로를 시기한다. 또한 때로는 아주 이기적이기도 하다. 행여 우리가 원하는 것을 얻지 못하면 논쟁하여 그것을 쟁취하려 한다. 그러나 여기에서 분명히 해야 할 것이 있다. 무엇인가를 원하거나 무엇을 구하는 것 자체는 분명히 이기적인 행동이 아니다. 이기심은 다른 사람들의 감정이나 바람들을 고려하지 않고 어떤 것들을 요구하는 것이다. 우리의 행동은 우리가 마음을 쓰는 것들에 의해 좌우된다. 그리고 우리가 그러한 마음가짐을 가질 때 갈등이 일어나게 되는데, 그 이유는 다른 사람들이 우리의 요구에 항상 쉽게 응하지 않기 때문이다.

4. 누군가 당신에게 아픔이나 고통을 줄 때 갈등이 일어난다.
성경은 이런 것을 '과실'이라고 언급한다. 가끔 이런 일은 작은 규모로 발생된다. 예를 들면, 아내가 남편에게 슈퍼에서 무엇을 사오라고 세 번씩이나 부탁했음에도 불구하고, 그것을 잊고 그냥 돌아오는 경우이다. 이런 경우 하나님께서는 우리가 참기를 바라신다. 왜냐하면 사랑은 허다한 죄를 덮을 수 있어야 하기 때문이다.

그러나 누군가가 계속 당신에게 무례하게 굴거나 그로 인해 큰 고통을 겪게 됐을 때, 우리는 그것에 대해 계속 침묵해서는 안 된다. 이럴 때 당신이 침묵하기 때문에 생기는 평화는 진정한 평화가 아니다. 지금 당신의 관계는 오히려 망가지고 있기 때문이다.

하나님께서 우리를 평화의 사도로 부르셨다는 뜻은 침묵하라는 뜻이 아니다. 때때로 우리는 공개적으로 말할 수 있어야 하고, 관계가 올바르게 정립되는 과정에서 생기는 갈등을 감수할 수 있어야 한다. 적어도 우리는 누군가에게 책임이나 회개가 필요하다는 것을 일깨워 줘야 한다.

5. 서로가 각자 다르다는 단순한 이유로 갈등이 일어난다.
우리가 생각하는 방식은 항상 같지 않다. 우리는 다른 사람들의 의견을 기꺼이 경청하며, 그들의 입장을 고려할 수 있어야 한다. 만약 그렇게 하지 못하면, 갈등은 필연적으로 발생한다.

성경은 한 여인이 갈등을 수습하는 과정을 통해 우리가 어떻게 갈등을 다루어야 하는지 보여 준다. 왕비 에스더는 자신이 곤란에 처했다는 것을 분명히 알고 있었다. 그녀는 모든 상황을 침묵으로 일관하기보다는 진정한 평화를 찾기 위해 자신과 왕과의 관계가 위험해지는 것을 감수했다.

이 모든 문제는 왕의 관료였던 하만이 다른 신하들보다 뛰어난 권위를 부여받았을 때부터 시작되었다. 그는 세상 모든 사람들이 자신에게 절하며, 자신을 존경하길 원했다. 하지만 모르드개라는 유대인은 그에게 절하는 것을 거절했다. 모르드개는 모든 사람의 절을 받기에 합당하신 분은 하나님 한 분뿐임을 믿었기 때문이다.

그래서 하만과 모르드개 사이에 갈등이 발생하게 되었다. 모르드개의 신념으로 인한 행동에 대해 매우 화가 난 하만은 왕이 어떤 특정한 날에 모든 유대인을 죽이도록 하는 법을 제정하게끔 조장하였다.

에스더의 사촌이었던 모르드개는 에스더에게 "에스더야, 네가 무엇인가를 해야만 한다. 네가 왕에게 이 법에 관해 이야기하지 않으면 우리 민족 모두가 죽게 될 것이다." 그 온유한 에스더는 갑작스럽게 자신과는 아무 상관없는 갈등의 수렁 속으로 던져졌다. 만약 당신이 에스더라면, 어떻게 행동하겠는가?

이 옛날이야기를 요즘의 시나리오로 조금 바꿔 생각해 보자. 당신의 윗사람이 당신에게 신념을 조금 접고 무언가와 타협하라고 요구했다고 상상해 보라. 어떻게 하겠는가? 모르드개같이 거절할 수 있겠는가? 당신이 믿는 대로 의연히 행동할 수 있는가? 아니면 갈등이 커지지 않도록 그냥 타협하겠는가? 비록 직장을 잃더라도 당신이 믿는 것에 대해 공개적으로 당당히 말할 수 있는가?

아마 에스더와 같이 겁에 질릴 것이다. 그녀는 어떻게 해야 할지 몰랐으나, 수동적인 태도로 있어서는 안 되며 무엇인가 해야 한다는 것을 알았다. 당연한 일이겠지만, 사실 그녀는 왕비로서 자신의 안전과 입장을 지키기 위해 침묵하라는 유혹을 받았을 것이다. 그러나 그것은 잘못된 결정이 될 수 있었다.

사실 그녀는 그다지 적극적이지 않았다. 모르드개의 말을 듣자마자 그녀는 왕의 방으로 달려가 "당신이 그런 말 같지도 않은 법을 승인했다는 것을 믿을 수 없어요."라고 말했을 수도 있었을 것이다. 그러나 그 시대의 왕비들은 왕이 초대해야만 왕의 방에 들어갈 수 있었다. 이런 이유로 에스더는 이 일에 그녀의 생명을 걸어야만 했고, 두려울 수밖에 없었다.

> ❖ 도움이 되는 성경말씀 ❖
>
> "마음을 같이 하며 평안할지어다 또 사랑과 평강의 하나님이 너희와 함께 계시리라"(고후 13:11하).

오늘날의 우리는 신체적으로 다칠까 봐 두려워서 사람들에게 다가가지 못한다. 그러나 우리를 거절하거나 비웃고, 우리의 생각이 어리석거나 잘못되었다고 판단하는 사람에게는 쉽게 다가가지 못한다. 직장을 잃게 되거나 요주의 인물 명단에 올라가 승진에 문제가 생길 수도 있다. 이런 경우 어떻게 해야 할까? 수동적으로 대처해야 할까? 아니면 적극적으로 행동해야 할까? 다행스럽게도 하나님께서 제3의 방법을 가르쳐주셨다.

예수님께서 말씀하셨다. "화평케 하는 자는 복이 있나니 저희가 하나님의 아들이라 일컬음을 받을 것임이요"(마 5:9). 하나님께서는 우리가 조용히 있기를 원하시지 않으신다. 너무도 많은 여성 그리스도인들이 수동적인 성품을 성령의 열매 중 한 가지로 꼽으면서, 그것을 '복종'이나 '조용하고 부드러운 마음'이라고 부른다.

하지만 학대 받거나 부정, 가정폭력과 관계된 상황, 또는 사람들이나 자신이 다치고, 관계가 망가질 상황일 때조차도 우리는 담대히 말하지 못한다. 나의 고객 중 한 여성은 그녀의 남편이 그의 여성 동료와 바람을 피우는 것을 알아차렸으나 결코 그에게 대항하지 않았다. 오히려 남편의 바람이 끝나기를 기다리겠다며 참기로 결심했다. 때때로 여성들은 그들의 대단한 인내 때문에 갈채를 받는다. 그러나 그 여성 고객의 인내는 성령님으로부터 온 것이 아니었다. 아무것도 하지 않는 그녀의 태도는 믿음이 아닌 두려움으로부터 기인한 것이었다. 즉 그녀는 남편이 말할 것에 대한 두려움, 갈등에 대한 두려움, 결혼생활의 종말에 대한 두려움을 가진 것이다. 두려움은 성령의 열매가 아니다.

이것을 기억하라. 예수님께서는 우리를 평화를 지키는 자(peacekeeper)로 부르시지 않았다. 그는 우리를 평화를 만드는 자(peacemaker)로 부르셨다.

피스메이커 되기

하나님께서 평화를 위해 우리에게 요구하시는 일이 무엇인지 이해하기 위해서 피스메이커가 어떤 사람인지, 그리고 어떤 일을 하는지 알아보자. 시편 34장 14절(표준새번역)은 "악한 일은 피하고, 선한 일만 하여라. 평화를 찾기까지 있는 힘을 다하여라."라고 말한다. 히브리서 12장 14절에서는 "모든 사람으로 더불어 화평함과 거룩함을 좇으라 이것이 없이는 아무도 주를 보지 못하리라."라고 하며, 로마서 12장 18절은 "할 수 있거든 너희로서는 모든 사람으로 더불어 평화하라."라고 명령한다. 그러므로 피스메이커는 평화를 추구하는 사람이다. 그것은 확실한 능동적인 행동이며, 수동적인 것이 아니다. 우리가 반드시 해야만 하는 것이다.

당신이 갈등으로부터 물러섬으로써 어떤 막연한 평화를 찾았다고 말할지도 모르겠다. 그러나 그것은 진정한 평화가 아니다. 히브리어로 평화는 샬롬(Shalom)이다. 이 단어가 말하는 진정한 평화는 어떤 관계에서 평화를 이루기 위해 생기는 갈등도 받아들이겠다는 의미를 포함한다.

평화는 인간들이 자연적으로 만들 수 있는 것이 아니다. 사실 정확히 이야기하자면, 우리가 하나님으로부터 평화를 이룰 권한을 받았기 때문에 이것이 가능한 것이다. 성경이 말하는 피스메이커는 어떤 갈등을 해결하는 데 있어 한 발짝 뒤로 물러서서 되는 대로 하는 사람이 아니다. 이렇게 안이하게 일을 해결하는 사람들은 어떤 일에도 열정적이지 못하다. 그들은 그들을 귀찮게 하는 것이라면 어떤 것도 용납하지 않기 때문이다.

에스더 왕비의 사촌 모르드개를 다시 한 번 보라. 그는 한평생 편히 살기 위해 하만의 요구를 받아들이고 그에게 절할 수 있었다. 당신은 그렇게 하는 것이 그리 큰 문제는 아니었을 거라고 생각할 수도 있었다. 모르드개가 하만에게 절했다고 하더라도 그것이 그의 하나님을 향한 신념이 더러워진 것은 아니라고 생각할지도 모른다. 그러나 그것은 잘못된 판단이다. 모르드개는 평화로워 보이는 상황을 만들고 그렇게 행동할 수 있었다. 그러나 그것은 하나님의 법과 그분의 거룩함을 손상시키는 것이기 때문에 진정한 평화가 아니었다. 모르드개는 자신의 그런 행동이 자신과 하만과의 사이에 갈등을 초래할 것임을 알면서도, 자신의 믿음을 포기하지 않았으며 굳건히 선 것이다.

성경은 진정한 평화를 이루기 위해 온갖 문제들과 갈등들을 겪은 사람들의 이야기로 가득 차 있다. 베드로가 할례 받은 유대인들을 편애하자, 바울은 그에게 반대의견을 냈다(갈 2:11~13). 세례요한은 간음한 헤롯을 비판했다(마 14:3~5). 나단은 다윗이 밧세바와 간음하고 그녀의 남편을 살해한 죄를 지었다고 지적했다(삼하 12:1~7). 아굴라와 브리스길라는 아볼로가 성경에 관해 정확하지 않은 교훈을 가르치자, 아볼로가 성경에 대해 정확히 이해하기를 바라며 그에게 갔다(행 18:24~28). 그리고 예수님께서는 바리새인들에게 대항하셨는데, 그 이유는 그들의 잘못을 지적하시기 위해서가 아니라 그들에게 진리를 알게 하시기 위한 것이었다. 그래야 그들이 진정한 평화를 소유할 수 있기 때문이었다(마 23:23~35).

성경이 말하는 피스메이커는 자기 임의대로 행동하는 사람이 아니며, 피스메이커는 자신의 능력과 자질 때문이 아니라 성령의 선물을 소유하기 때문에 진정한 평화를 이룰 수 있는 것이다. 피스메이커는 자의식, 자신을 위한 이기적인 동기와 이익들을 포기해야 한다. 하나님께 영광드리는 일을 기뻐하며, 다른 사람들의 이익과 관계회복에 관심을 가지고 그를 위해 일해야 한다.

피스메이커의 목적을 성취하라

지금까지 우리는 피스메이커가 가져야 할 마음가짐과 목적들에 관해 생각해 보았다. 좀 더 구체적으로 성경의 예들을 통해 어떻게 하면 이런 목적들을 성취할 수 있는지에 대해 살펴보자.

1. 다른 사람의 견해를 경청하고 보는 법을 배우라.
야고보 사도는 듣기는 빨리 하고, 말하기는 더디 하라고 했다(약 1:19). 그러나 우리는 듣는 것을 잘하지 못한다. 심지어 친구들과 이야기할 때도 그들의 이야기를 듣는 것보다 우리가 원하는 것을 말하는 데 더 익숙하다. 만약 진정한 피스메이커가 되기 원한다면, 상대방의 의견과 이야기를 듣고 보기를 훈련해야 한다.

부부나 약혼한 남녀들을 상담하다 보면, 종종 말다툼하는 것을 본다. 어떤 부부는 항상 의견이 달라 상담을 받았는데, 그 원인은 그들이 결코 서로에게 귀를 기울이지 않았기 때문이었다. 그들은 서로의 차이점들을 해결할 수 없었다. 그들은 끊임없이 서로의 말을 가로막았다. 결국 나는 그들의 말다툼 사이에 끼어들어야 했고, 그 아내에게 남편이 말하는 동안 조용히 들을 것을 요구했다. "그래, 한 번 말해 봐."라며 그녀는 팔짱을 끼고 그를 쳐다보았지만, 전혀 그의 의견을 받아들일 준비가 되지 않았다는 것을 나와 그의 남편은 알 수 있었다.

우리는 자신이 관심을 가지고 있는 것뿐만 아니라 다른 사람의 관심사와 감정에도 기꺼이 귀를 기울일 수 있는 마음과 생각을 주시도록 하나님께 간구해야 한다.

다른 사람의 말을 들을 때, 그 사람의 관점과 감정을 공격하지 말라. 만약 그렇게 한다면, 그 사람은 결국 감정만 상하고 객관적인 판단마저 믿지 못해 당신의 의견을 거부하게 될 것이다. 상대방의 의견 중 사실이 무엇인지 정확히 보도록 노력하라. 모든 상황이 항상 옳고 그른 길이 정확하게 나눠져서 존재하는 것은 아니다. 당신이 허락하지 않았던 선택들과 관점들에 대해 기꺼이 고려해 보

라. 열린 마음을 가지라.

"아무 일에든지 다툼이나 허영으로 하지 말고 오직 겸손한 마음으로 각각 자기보다 남을 낫게 여기고 각각 자기 일을 돌아볼 뿐더러 또한 각각 다른 사람들의 일을 돌아보아 나의 기쁨을 충만케 하라"(빌 2:3, 4). 이 말씀은 당신 자신의 이익을 고려하지 말라는 것이 아니라 당신 자신의 이익을 돌아볼 뿐만 아니라 다른 사람들의 이익도 챙기라는 것이다. 만약 피스메이커가 되기 원한다면, 우리는 다른 사람들의 이익, 관심, 생각, 감정, 그리고 관점에 관심을 가져야 한다.

2. 진실을 말하되, 사랑하는 태도로 하라.
에베소서 4장은 어떻게 탁월한 피스메이커가 될 수 있는지에 대해 말하고 있다. 갈등은 우리를 분노하게 한다. 그러나 성경은 분노 때문에 죄를 범하지 말라고 말씀한다. 만약 갈등의 요소에 관해 공개적으로 말해야 할 것이 있다면, 사랑의 마음으로 이야기하라. 우리가 천사의 말을 할지라도 마음에 사랑이 없으면, 소리 나는 징과 울리는 꽹과리와 같다고 고린도전서 13장은 말한다. 만약 화가 나서 무례하게 진리를 말한다면, 어느 누가 그 진리에 귀를 기울이겠는가? 상대방이 그 진리에 대해 열린 마음이 아니라 방어의 자세를 취할 것이다.

한편, 잠언 27장 5, 6절은 "면책은 숨은 사랑보다 나으니라 친구의 통책은 충성에서 말미암은 것이나 원수의 자주 입맞춤은 거짓에서 난 것이니라."고 가르쳐준다. 겉으로 보이는 평화를 유지하기 위해 자신의 감정과 견해들을 무시하거나 억누르지 말아야 한다. 때때로 공개적으로 담대히 말하는 것은 너무도 중요하다.

❖ 도움이 되는 성경말씀 ❖

"마지막으로 말하노니 너희가 다 마음을 같이 하여 체휼하며 형제를 사랑하며 불쌍히 여기며 겸손하며"(벧전 3:8).

데비라는 여성의 상담을 맡은 적이 있다. 그녀는 매우 수동적인 성격이었다. 천성적으로 사람을 즐겁게 만드는 성품을 가진 그녀는 상대방에게 어떻게 "아니오!"라고 거절해야 하는지 모르겠다고 했다. 하루는 직장생활을 하는 친구인 로레인이 가정일만 하는 데비에게 자신의 빨래를 세탁해 달라고 부탁했다고 한다. 데비는 로레인의 부탁을 기꺼이 들어주었고, 로레인이 맡긴 빨래를 잘 세탁해 깨끗이 갠 후 그녀에게 돌려주었다. 그 다음 주에 무슨 일이 일어났겠는가? 데비는 매주 로레인의 빨래를 책임져야 했다. 왜냐하면 데비는 할 수 없다는 말을 할 줄 몰랐기 때문이다.

당신에게도 데비와 같은 면을 있는가? 물론 처음에는 착한 마음으로 도와주지만, 결국 나중에 화가 나는가?

로레인에게 더 이상 빨래를 해 줄 수 없다고 말하지 못한 데비는 대신 자기 집 대문을 잠가 로레인이 빨래를 갖다 놓을 수 없도록 했다. 로레인과의 관계가 갈등에 빠지게 되는 것을 원치 않은 데비는 빨래를 해 줄 수 없다고 말하지 않은 것이다. 하지만 그 후로 데비와 로레인의 관계는 아주 나빠졌는데, 그 이유는 데비의 친구인 샌디가 데비의 처지를 듣고 화가 나서 로레인에게 불평했기 때문이다.

마침내 데비는 용기를 내어 로레인에게 말했다. "로레인, 나는 처음 너의 빨래를 할 때는 기뻤어. 첫 주, 아니 둘째 주까지만 해도 말이지. 하지만 나는 언제까지나 너의 세탁을 대신해 줄 수 없어. 네 대신 세탁을 대신해 줄 사람을 찾아보도록 해." 처음 그 말을 들었을 때 로레인은 방어적으로 반응했으며 분노했다. 그러나 마침내 그녀는 데비와의 우정이 그녀의 빨래보다 더 중요하다는 것을 깨닫게 되었다.

데비 또한 중요한 교훈을 얻었다. 그녀는 그녀의 우정을 유지하기 위해 갈등을 다루는 법을 배워야만 했다. 만약 그녀가 로레인에게 아무 말도 하지 않았다면, 그 관계는 결국 끝나 버리고 말았을 것이다. 그러나 데비는 친구에게 사랑을 가지고 진실을 말하는 법을 배웠다. 이것이 피스메이커가 가져야 할 성품이다.

물론 무조건 정직을 요구해서는 안 된다. 만약 데비가 자신의 분노를 참는 시간이 길어지면 길어질수록 그 분노는 결국 폭발해서

로레인을 모욕했을 가능성이 크다. 그러나 성경은 부주의한 말은 검과 같이 뼈에 사무친다고 했다. 때때로 다른 사람이 우리를 오랫동안 기만했다고 느끼거나 우리에게 큰 상처를 주었다는 것을 느끼면 분노한다.

이런 일을 당하면, 대부분의 우리는 사랑을 가지고 긍정적으로 그 분노를 다스리는 것이 아니라, 그냥 그것을 감정대로 폭발시켜 버린다. 이것은 구토와도 같다. 분노가 일단 우리 몸 밖으로 나가고 나면, 우리는 훨씬 나아졌다고 느끼지만, 사실 그것은 변기 안에 속한 것이지 다른 사람에게 속한 것이 아니다.

당신 안에 끓어오르는 강한 감정들이 가득 찼을 때를 조심하라. 파괴적인 감정들을 잘 관리하여 해가 되지 않도록 당신 밖으로 빼내라. 가령 상대방에게 보내려던 항의 편지를 당신의 일기장에 쓰고 보내지 않는 것이다. 당신이 부정적인 감정을 완전히 해소한 후 상대방에게 다가간다면, 당신은 사랑 안에서 진리를 말할 수 있으며, 그 관계는 긍정적이고 건설적인 관계가 될 것이다.

맞서야 할 때를 아는 것

시시때때로 일어나는 작은 불의한 일에까지 모두 맞서야 한다는 말은 아니다. 어떤 사람이 인간관계에서 불의하고 불편하게 느끼는 모든 것을 매번 공개적으로 말한다면 우리는 그 사람의 말에 짜증이 날 것이다. 성경 말씀은 다른 사람들에 대해 인내하라고 명령한다. 그리고 이와 반대로 당당하게 맞서서 이야기해야 할 때가 있다. 그렇다면 이 두 가지의 상황을 어떻게 구별할 수 있을까? 앞으로 볼 세 가지의 기준은 사랑 안에서 진리를 말해야 하는지, 아니면 인내하고 기다려야 하는지를 판단하는 데 도움을 줄 것이다.

1. 이 일이 하나님을 모욕하고 있는가?

어떤 인간관계나 일의 정황이 주님을 모욕하고 있는지 살피라. 혹은 상대방의 주장이 모순되었는가? 로마서 2장 19~21절은 "네가 율법에 있는 지식과 진리의 규모를 가진 자로서 소경의 길을 인도하는 자요 어두움에 있는 자의 빛이요 어리석은 자의 훈도요 어린 아이의 선생이라고 스스로 믿으니 그러면 다른 사람을 가르치는 네가 네 자신을 가르치지 아니하느냐 도적질 말라 반포하는 네가 도적질하느냐"라고 한다. 23절까지 보면, 율법을 범함으로써 하나님을 모욕하고 있다고 말한다. 사도 바울은 권위 있는 사람이나 지도자들이 그들의 삶에서 오히려 하나님을 모욕한다고 지적하고 있다.

수년 전 나의 남편은 교회 친구와 동업을 하였다. 그는 교회에서 여러 모로 열심히 봉사하던 좋은 사람이었지만, 한 가지 문제가 있었는데 화가 나면 욕을 심하게 하는 것이었다. 아마도 그가 어렸을 때, 그 같은 잘못을 저질러도 부모님이 어려서 그렇다며 그것을 묵인하고 이해해 줬기 때문에 그에게 그런 버릇이 생긴 것 같다. 아무튼 그는 직장에서는 하나님께서 주시는 기쁨에 대해 간증하며, 교회에서는 리더로서 책임 있게 행동했지만, 사람들에게 화가 나면 그들을 저주하고 욕을 했다.

나의 남편 하워드는 기도하고 깊이 생각한 후, 그 친구에게 그의 단점에 대해 이야기하기로 결심했다. 그가 하나님을 사랑하고 신앙을 고백하지만, 그 입술로는 하나님과 그의 친구들의 저주하고 모욕하고 있다고 말이다. 그에게는 하나님의 평화가 필요했다.

결국 그 친구는 하워드의 충고를 받아들였고, 그에게 욕설을 들어야 했던 친구들의 도움으로 하나님 앞에서 회복했고, 평화를 찾았으며, 하나님께 영광 돌리는 삶을 살고 있다. 하나님께서 모욕당하실 때 우리는 담대하게 진리를 말해야 한다. 단, 사랑 안에서 행하라.

2. 그 사람의 행동이 자기 자신에게 해가 되는가?

당신 주위에 마치 절벽 끝에 서 있는 것 같은 상황의 친구가 있는가? 아마 한두 명 정도는 알고 있을 것이다. 어떤 사람은 그의 자녀들을 정신적으로건, 신체적으로건 학대하고 있을 수 있으며, 어떤 사람은 알코올 중독자일 수도 있다. 또 어떤 사람은 성적으로 건강하지 못할 수도 있다. 그러나 우리는 서로에게 아무 이야기도 하지 않으며, 서로의 깊은 문제까지 알지 못한다.

지난 몇 년 동안 너무나도 많은 여성들이 가정폭력이나 배우자의 간음으로 상처 받고 나에게 찾아와 상담을 요청했다. 그녀들은 모두 다니고 있는 교회의 누군가가 자신의 집을 방문해 문제의 남편에게 이렇게 말해 주길 바랐다. "지금 뭐하고 있는 건지 아십니까? 당신의 이런 행동은 당신의 부인뿐만 아니라 바로 당신 자신을 해치고 있다 말입니다. 제가 도와 드리겠습니다."

갈라디아서 6장 1절은 어떤 사람이 죄를 범하면, 온유한 마음으로 그런 사람을 바로잡아 주라고 명령한다. 다른 사람들이나 나에게 해를 끼치는 어떤 사람을 대함에 있어서 우리의 목적은 그를 온유한 마음으로 회복시키는 것임을 기억하기 바란다. 어떤 오래된 건물을 복원한다고 생각해 보라. 그 공사의 전체 진행을 맡고 있는 공사감독은 직접 불도저를 밀고 다니는 것이 아니라, 그 건물을 원래의 멋진 모양으로 복원해 줄 기능공에게 그 공사를 맡긴다. 죄에 빠져 자신의 상황을 한탄하며 고민하는 사람을 불도저로 밀듯이 당신이 직접 다듬어 만들려고 하지 말라. 그 사람을 산산조각내지 말기 바란다. 그들이 묶였던 죄의 올가미로부터 벗어나고, 그들의 삶이 치유되도록 온유함으로 대해 주라.

또한 이 과정 중에 우리가 그와 똑같은 죄의 구렁텅이로 빠지지 않도록 끊임없이 우리의 삶을 점검하고 돌아보아야 한다. 기도와 겸손한 태도, 그리고 온유한 마음을 가지고 사람들에게 다가가라.

3. 맞서는 것이 위태로운 관계를 개선시킬 수 있는가?

마태복음 5장과 18장은 만일 어떤 사람이 우리에게 그릇된 일을 하거나 원한을 품는다면, 불화를 개선시키기 위해 먼저 솔선하고 행동하라고 말씀한다. 이런 말을 들은 대부분의 사람들은 이렇게 말할지도 모른다. "나는 아무 잘못도 하지 않았어요. 그가 먼저 나에게 사과해야 한다고요." 그러나 하나님께서는 우리가 솔선해서 화해하기를 바라신다. 만약 어떤 관계가 깨져 회복되지 않고 있다면, 우리는 화목하기 위해 상대방에게 의도적으로라도 먼저 말을 건네야 한다.

나의 가족들은 시카고에 살고, 나는 혼자 멀리 떨어져 펜실베이니아에 살고 있다. 그래서 명절이나 휴가 때 함께 모이기가 쉽지 않다. 나는 외로움을 달래기 위해 궁리하던 끝에, 교회 사람들 중 나처럼 갈 곳이 없는 사람들을 우리 집으로 초대했다. 그들 중 샤론은 매 파티 때마다 거의 참석했다.

그러던 어느 날, 나는 샤론이 나를 자신의 집에는 한 번도 초대하지 않았음을 깨달았다. 부끄럽지만 솔직히 나는 이 사실이 매우 서운하고 심지어 화가 나기 시작했으며, 그녀가 과연 나를 진심으로 좋아하고 있는 것일까라는 의심까지 하게 되었다. 샤론이 공짜 식사를 할 수 있어서, 혹은 외로운 명절을 때울 만한 행사쯤으로 나의 파티를 이용한다는 생각까지 들었다. 그 후 나는 그녀를 피하기 시작했다. 나는 그녀에게 "당신은 왜 나를 저녁식사에 초대하지 않는 거지요?"라고 분명하게 묻지 못했으며 그녀를 마주할 수조차 없었다.

그녀를 피한 지 한두 달쯤 지나자 나의 원망은 점점 커졌고, 하나님께서는 "나는 네가 그녀에게 말을 건네기를 원한다."고 말씀하시며 나를 재촉하셨다. 결국 나는 하나님과 타협안을 정하게 됐다. 하나님께서 나와 그녀가 이야기할 수 있는 기회와 분위기를 만들어 주신다면 내가 그녀에게 말을 건네기로 말이다.

그 후 오랜 시간이 지난 어느 날, 교회 계단을 내려가다가 그녀를 만났다. 그 순간에 그녀에게 말을 걸라고 하나님께서 신호를 주셨다.

"샤론, 얘기 좀 할까요?" "물론이죠, 무슨 일이죠?"

내 눈엔 눈물이 고였고, 나는 이렇게 말했다. "샤론, 내가 이런 말을 하기까지 쉽지는 않았어요. 나는 당신이 왜 저를 저녁식사에 초대하지 않는지 알고 싶어요." 그녀의 대답은 나로 하여금 당황하게 했다. "그 이유는 간단해요. 난 저녁식사를 만들지 않아요. 나는 결코 누구도 저녁식사에 초대한 적이 없는걸요. 내 집은 너무 좁고 나는 요리를 싫어한답니다. 레슬리, 나는 당신처럼 멋있고 환상적인 저녁식사를 만들 수도 없고, 하지도 않아요. 나는 그런 일에 대한 열등감과 불안한 감정을 갖고 있어요. 나는 결코 손님을 초대하지 않아요."

하나님께서 나의 인생뿐만이 아니라 샤론의 인생 안에서도 일하고 계시다는 것이 분명해졌다. 즉 하나님께서는 샤론이 이런 절대적인 규칙을 세우기까지 가졌던 불안감과 자존심이 변화되기를 원하셨다. 집과 음식솜씨에 자신이 없던 샤론은 자신이 받은 친절과 환대를 되돌려 주지 못하였고 그럼으로써 사람들을 친구로 사랑하지 못했던 것이다.

마침내 샤론은 나를 저녁식사에 초대했고 훌륭한 저녁식사를 대접했다. 이 문제에 대해서 우리가 함께 이야기했을 때 흠이 난 우리의 관계는 평화로운 해결의 길로 인도 받았다.

여성들이 갈등을 해소하는 법

얼마 전 우리 교회의 몇몇 여성들에게 교회나 직장, 집, 또는 인간관계에서의 갈등에 어떻게 반응하는지 물어보았다. 흥미롭게도 질문을 받은 모든 여성들은 이 같은 상황에서 할 말을 해야 할지 또는 그 시간과 상황이 그냥 지나가게 놔둬야 할지 잘 모르겠다면서 갈등 자체를 굉장히 거북스러워했다. 여성 그리스도인들은 불의한 일이나 사람이 우리의 감정을 상하게 하고, 우리에게 대항하며 죄를 지을 때 남성 그리스도인에 비해 솔직한 감정을 잘 표현하지 못한다. 왜 그럴까? 또 그녀들은 자신들의 의견이나 주장을 나누기 꺼려한다. 왜 그런가?

> ✣ 도움이 되는 성경말씀 ✣
>
> "그러나 어리석은 변론과 족보 이야기와 분쟁과 율법에 대한 다툼을 피하라 이것은 무익한 것이요 헛된 것이니라"
> (딛 3:9).

하버드대학교의 캐롤 길리건과 린 브라운은 소녀가 성장할 때 일어나는 정신적 변화에 대해 연구했다. 그들은 백여 명의 소녀들을 대상으로 그녀들이 일곱 살 때부터 열일곱 살이 될 때까지 계속해서 지켜보았다. 모두 오하이오 주의 한 사립학교에 다니고 있던 그 소녀들에게 매년 다음과 같은 질문을 했다. 만약 다른 사람의 의견에 동의하지 않는다면 어떻게 하는가? 누구와 다투었을 때 당신은 어떤 감정이 드는가? 인간관계에서 일어나는 갈등을 어떻게 처리하는가? 이때 당신이 중요하게 여기는 것은 무엇인가?

연구 결과는 깜짝 놀랄 만한 것이었을 뿐만 아니라, 우리를 비탄에 잠기게 했다. 그 소녀들이 어렸을 때는 자신이 믿고 느끼는 것에 대해 거리낌 없이 솔직히 말하고 표현했다. 어떤 갈등도 두려워하지 않고 느낀 것을 그대로 말할 수 있었던 것이다. 그러나 이 소녀들은 자라면서 자신들의 정체성을 잃어 갔다. 그들에게 있어서 친절은 정직보다 중요한 것이고, 다수에 맞춰 행동하는 것이 확신을 가지고 독보적으로 행동하는 것보다 의미 있는 일이었다.

이 연구팀에 의하면, 그 소녀들은 정직과 체면치레의 차이점을 알고 있었지만, 사춘기를 거치면서 '사회놀이(social game playing)'라고 할 수 있는 다른 현실을 직면하기 시작했다고 한다. 많은 성인들이 이 놀이를 하는데, 이것을 통해 그들은 특정한 것들에 대해 말하지 않고 그냥 내버려 두는 것을 배웠다. 우리의 생각과 감정을 솔직하게 말하기 위해서는 그것들이 거절당할 거라는 가능성을 감수해야 하며, 비웃음의 대상이 되거나 그 상황이 더욱 악화될지도 모른다는 것을 숙지해야 한다. 이 사춘기의 소녀들은 갈등 중에 있을 때 그것에 대항하여 자신의 감정이나 의사를 표현하기보다는 그것들을 제쳐 놓고, 침묵을 선택한다는 것이 이 연구의 결과였다. 또한 그녀들은 상황이 어떻든지 간에 모두 다 잘될 거라고 가정하곤 했다. 이런 성향은 자기 또래 아이들과의 관계뿐만 아니라 어른들의 행동으로부터 배운 것이다.

이런 현상은 또한 성숙한 여성 그리스도인에게서도 찾아볼 수 있다. 많은 여성 그리스도인들이 자기 자신을 가장한 채 다른 모습으로 살아간다. 갈등에 어떻게 반응하냐는 나의 질문에 한 여성은 이런 말을 했다. "솔직히 이 질문을 처음 받았을 때 나는 교회나 직장, 어느 곳에서도 갈등의 요소가 없다고 생각했습니다. 하지만 이 질문은 나를 되돌아보게 했고, 나에게 있어서 갈등의 의미를 깊이 생각하도록 했습니다. 나는 내가 내 자신에게 진실로 정직하지 않았으며 그렇기 때문에 갈등을 경험한 적이 없다고 생각한다는 사실을 깨달았습니다. 내게 닥친 어떤 일이 그렇든지 그렇지 않든지 간에 나는 그 일이 잘되어 가고 있는 양 가장하고 산 것입니다."

나에게 상담을 요청해 온 여성들 대부분은 다른 사람과의 관계에 문제가 생기는 것을 두려워하여 갈등이 일어나는 것을 피한다고 말한다. 만약 다른 사람들이 자신에 대해서, 자신의 생각에 대해서, 자신의 감정에 대해서 안다면, 그 사람들은 자신을 비웃고 무시하든지 아니면 거부할 것이라고 생각했다. 어떤 사람은 이렇게 말했다. "무엇이든지 조금이라도 있는 것이 아예 없는 것보다 낫다. 만약 다른 사람들이 내가 무엇을 생각하고, 믿고, 안다면 그들은 나를 거절할 것이고 나는 아무것도 가지지 못한 채로 남게 될 것이다."

휴일에는 항상 갈등의 요소들이 우리 주변에 산재해 있다. 예를 들면, 많은 여성들이 "엄마, 나는 더 이상 크리스마스를 집에서 보내고 싶지 않아요. 특별한 날을 집에서 그냥 그렇게 보내고 싶지 않거든요."라고 말하고 싶은 것을 참고, 갈등을 피하기 위해서 그냥 부모의 계획을 따른다. 진심이나 생각을 나누지 않고 마치 모든 일 잘되고 있는 것처럼 행동한다. 이 모든 일은 거절당하는 것을 두려워하여 그것을 피하는 데서 시작된다. 불행하게도 여성들은 우리의 어머니들이나 사회로부터 평화를 유지하기 위해서는 우리의 감정, 직관, 생각들을 무시해 버리는 것이 미덕이라고 배워왔다.

> ✥ 도움이 되는 성경말씀 ✥
>
> "아무에게도 악으로 악을 갚지 말고 모든 사람 앞에서 선한 일을 도모하라 할 수 있거든 너희로서는 모든 사람으로 더불어 평화하라"(롬 12:17, 18).

우리 집 정원에는 백합이 심겨져 있다. 그런데 이 백합이 심겨진 자리는 차고에 가려져 그늘진 곳이다. 그래서 충분한 햇볕을 받을 수가 없다. 이 꽃들은 조금이라도 햇볕을 더 받기 위해서 그들의 줄기를 위아래로 뻗는 것이 아니라 땅과 수평으로 쭉 뻗는다. 나는 그런 백합들이 마치 사람들의 비위를 맞추면서 사는 여성들 같다고 생각했다. 그들은 항상 다른 사람의 눈을 의식하고, 그들이 자신을 받아 주길 원한다. 하나님께서 그녀들을 위해 계획하신 모습은 잊어버린 채 영양분이나 입에 단 것들이 들어오는 쪽으로만 몸을 기울여서 부자연스럽고 건강하지 못한 자세로 굽어 있다.

우리가 알아야 할 진실은 이것이다. 하나님께서는 우리가 '다른 사람 중심으로 사는' 여성들이 되는 것을 원치 않으신다. '하나님 중심으로 사는' 여성들이기를 원하신다. 우리가 영양분과 능력을 하나님으로부터 받아 그 힘으로 살며, 다른 사람들이 우리에게 찬성하지 않을 때 분노하지 않기를 원하신다. 하나님께서는 우리가 우리를 진정으로 자유롭게 하는 자유를 소유하기 원하신다.

맞섬의 기술

무언가에 대치해야만 할 때 어떻게 해야 할까? 무엇을 해야 할까? 에스더 왕비가 그랬듯이 가장 먼저 해야 할 것은 기도이다. 하나님께서 우리의 상황을 다스리시며 가장 좋은 해결책을 달라고 간구해야 한다.

둘째, 당신의 계획을 도울 수 있는 경건한 사람들에게 어떻게 했으면 좋겠는지 조언을 구하라. 주의해야 할 것은 이것이 상대방을 험담하는 기회가 되기 쉽다는 것이다. 차라리 그 상대방이 누구인지 밝히지 않는 것이 더 낫다.

셋째, 어떤 사람과 대치하기 위한 적당한 때와 장소를 선택하라. 에스더는 왕에게 말할 기회를 얻기 위해 그를 저녁식사에 초대했다. 그러나 그녀는 그때가 정말 적당한 시간인지 확신하지 못했다. 그래서 그 다음날 저녁식사에 다시 초대했다. 때를 제대로 선택하는 것은 매우 중요하다. 상대방이 피곤해 하거나 잠자리에 들 준비를 할 때, 또는 대화할 수 있는 시간이 충분하지 못하고, 준비가 부족할 때는 이야기를 꺼내지 말라. 익명으로 쓴 편지는 사랑 안에서 진리를 말하는 방법이 될 수 없다. 나 역시 익명의 편지를 받은 적이 있는데, 그 편지를 쓴 사람은 나에 관한 몇 가지 좋은 점을 지적했음에도 불구하고, 나는 그 사람과 대면해서 이야기했으면 좋겠다고 생각했다. 만약 당신이 꼭 편지로 말해야 하는 상황이라면, 상대방이 답변할 수 있도록 당신의 이름을 밝히라.

평화스러운 해결이 그 목적이 되어야 한다. 할 말을 준비하라. 작가인 나 역시 진실을 말로 전달하는 것이 얼마나 어려운 일인지 알고 있다. 할 말들을 주의 깊게 선택하라. 만약 이 일을 소홀히 한다면, 그것은 불에 휘발유를 붓듯이 이미 무너지기 시작한 관계를 결정적으로 손상시키는 것과 다름없다. 당신이 진실하며, 사랑과 친절의 마음으로 상대방을 대하고 있음을 분명히 보여 주어야 한다.

그리고 상대방과 이야기 나눌 때 그 사람의 관심사가 무엇인지 기억하고 있어야 한다. 그리고 무엇보다도 그 사람과의 관계가 회복되기를 바라야 한다. 당신이 말하는 도중, 상대방이 당신의 표정이나 몸짓을 통해서 무엇을 느낄지도 주의해야 한다. 상대방은 우리가 하는 말로는 단지 조금만을 이해할 수 있을 뿐이다. 나머지는 우리의 말투와 몸짓의 언어로 의사소통한다. 사람들은 실제로 당신이 무엇을 말하는지보다 당신이 어떻게 바라보는지, 당신이 어떤 식으로 말하는지에 더욱 많은 주의를 기울인다. 목소리, 몸짓, 사용하는 단어, 이 모든 것들을 통해서 상대방에게 "나는 당신을 사랑합니다. 나는 우리의 관계가 깨질까 봐 걱정하고 있으며, 이 관계가 회복되기를 원합니다."라고 표현할 수 있도록 주의를 기울이라.

상대방의 대답에 귀 기울이라. 그가 말하고자 하는 것이 무엇인지 주의 깊게 생각하라.

예수님께서 이 세상에서 행하셨던 일들 중 가장 큰 임무는 화목을 이루시는 일, 즉 죄인들을 그분 자신께로 화목케 하시는 일이었다. 화목은 응답을 요구한다. 우리는 평화를 이루도록 시도할 수는 있으나, 바라던 응답을 듣지 못할 수도 있다. 로마서 12장에서 사도 바울은 평화를 위해 우리의 힘으로 할 수 있는 모든 것을 다 하라고 말한다. 그러나 이 일이 우리의 어깨에만 얹어져 있는 것은 아니다. 비록 우리의 임무가 평화를 추구하는 일, 사랑 안에서 진리를 말하는 일, 그리고 우리의 친구들과 원수들을 위해서 기도하는 일이라고 할지라도, 우리는 궁극적으로 그 결과를 주실 그리스도께 의지해야 한다. 만약 이것을 기억한다면, 우리는 하나님께 영광을 돌리는 진정한 피스메이커들이 될 수 있다.

4 우울증

- 캐 서 린   하 트   웨 버
Catherin Hart Weber

내 영혼아, 내 속의 자아야, 네가 어찌하여 그렇게 낙심하느냐?
네가 어찌하여 내 안에서 그렇게 괴로워하고 불안해하느냐?
나는 내 소망을 하나님 당신에게 두기로 작정했습니다.
당신을 기대하며 기다리겠습니다.
여전히 나의 도움이시고, 나의 구원자이시며,
나의 하나님이신 당신을 찬양합니다.
나의 하나님이시여, 내 영혼이 내 안에서 낙심합니다.
견딜 수 없을 만큼 낙심합니다.
하지만 그러므로 나는 당신을 기억합니다.

_시편 42편 5, 6절에서 영감을 얻은 기도문

이 책을 읽고 있는 다섯 명의 여성 중 한 명은 우울한 시간을 경험하고 있으며, 위기에 봉착해 있다. 당신과 당신이 사랑하는 주변 사람들은 우울증의 고통으로부터 해방되어야 하며, 그 고통을 혼자 이기려고 하지 말아야 한다. 고통의 원인에 대해 적극적으로 대응하지 않고 그것으로부터 벗어나려고만 하는 것은 전혀 도움이 되지 않는다. 만약 그런 상황을 절망적이며 절대 치유할 수 없다고 생각한다면, 그것 자체가 우울증의 한 증상이다.

비록 당신이 느끼지 못할 때도, 심지어 고통으로 얼룩진 어둠의 시간에도 하나님께서는 당신과 함께하신다.

하나님께서는 인간을 우울증을 이겨낼 수 있는 수용력을 가진 존재로 창조하셨다. 생물학적인 불균형 때문에 심한 우울증이 생길 수 있지만, 그 외 그리 심하지 않은 우울증에는 그마다 합당한 이유가 있으며 대부분은 무언가를 상실했을 때 걸리게 된다. 고통이라는 느낌을 통해서 해로운 것이나 질병을 느낄 수 있고 거기에 대응할 수 있다. 그처럼 우울증은 우리의 인생, 즉 육체, 정신, 감정, 영혼, 다른 사람들과의 관계 등이 제대로 되어 있지 않는다는 것을 알려 주는 신호등과 같은 역할을 한다.

무슨 이유로 우울증이 생겼든지 간에, 하나님께서는 그것을 치유하시기 위해 여러 원천들을 공급하신다. 우울증은 상담치료와 약물치료, 이 두 가지뿐만 아니라 그리스도 안에 있는 소망을 통해서, 그분의 말씀과 성령의 힘을 통해서, 그리고 현대의 발달된 의학과 그 연구 결과를 통해서 치유될 수 있다.

우울증에 대한 이해

불행하게도 많은 여성들은 당하지 않아도 될 고통에 시달리고 있다. 자신의 우울증을 인지하지 못하고 있거나, 그 증상이 정확히 진단되지 않았기 때문이다. 우울증은 그것을 판정할 수 있는 생물학적인 검사들이 없기 때문에, 개인에게 나타나는 증상을 통해 진단하게 된다. 임상의학에서 정의하고 있는 우울증상의 대부분은 기분이 비정상적으로 변하는 것으로 나타나는데, 이것을 전문용어로 '기분 또는 감정 장애'라고 한다. 우울증은 감정의 변화에 국한되는 것이 아니라 육체, 정신, 감정, 대인 관계, 그리고 영성에도 영향을 주기 때문에 전인적(全人的) 장애로 취급되기도 한다.

> ✛ 도움이 되는 성경말씀 ✛
>
> "내게 이르시기를 내 은혜가 네게 족하도다 이는 내 능력이 약한 데서 온전하여짐이라"(고후 12:9).

지난 몇 년간의 연구에 의하면 우울증이 어떤 질병이나 장애 또는 증후군으로 분류되든지 아니든지 간에 그 근본적인 원인은 서로 복잡하게 얽혀 있다고 한다. 또한 그 증상은 삶에서 여러 모습으로 나타나 다양한 어려움을 야기한다. 우울증의 원인은 몸 상태, 유전자, 체온이나 평소 어떻게 생각하는지, 어떻게 감정을 다스리는지에서도 찾을 수 있다. 또한 가족사나 인간관계, 그리고 과거와 현재의 경험에서 그 원인을 찾기도 한다.

우울증은 정말 전인적 장애이며, 효과적인 치료를 위해서는 그것을 예방할 수 있는 약물치료나 상담, 자기 관리, 그리고 건강한 생활 방식 등이 유용한다.

우울증을 이기기 위해서는 우울증에 대한 정확한 사실을 아는 것이 중요하다. 우울증과 그 치료 과정을 이해함으로써 우울증을 어떻게 다스리고 치료해야 하는지, 거기에 필요한 것은 무엇인지에 대해 알게 될 것이다. 이제 우울증에 관해 알려진 몇 가지 기본적인 사항들을 살펴보도록 하자.

- 미국 국립정신건강협회는 최근 통계치를 근거로 매년 우울증상을 가진 인구가 미국 전체 인구의 약 10퍼센트인 2천만 명에 달한다고 발표했다.
- 연구에 따르면, 젊은 세대일수록 우울증의 증세가 심하다. 특히 1940년 이후에 태어난 사람들, 즉 베이비붐 시대의 사람들이 그렇

지 않은 사람에 비해 열 배 이상이나 쉽게 우울증으로 고통 받는다.
- 2020년에 이르면 세계적으로 가장 많이 나타나는 장애 현상이 우울증이 될 것이라는 연구 결과가 있다.
- 우울증에 시달리고 있는 여성의 수는 남성의 두 배가 넘는다. 우울증은 여성의 사회적, 신체적 기능에 있어 고혈압, 당뇨병, 또는 관절염 등 의학적으로 심각한 질병보다도 훨씬 위험하다.
- 여성에게 우울증은 모든 인종과 민족을 막론하여 일어나며, 연령에 관계없이 무능력과 경제적인 손실을 초래하여 교육과 경제에 심각한 방해물이 된다.
- 우울증의 결과로는 아픔과 고통, 무능력, 심각한 경제적 손실, 자살, 신경성의 여러 질병들, 자아관리를 소홀히 하게 되는 위험, 의학적인 치료로부터의 소외 등이 있다.
- 우울증으로 고통 받는 여성들은 만성 스트레스와 불안에 시달린다.
- 대부분의 우울증은 재발하지만, 거의 모든 우울증은 치료 가능하다. 초기에 치료를 시작할수록 그 정도가 약하며, 재발 가능성도 낮다.
- 정도가 가벼운 것부터 심한 것까지 우울증은 가장 흔한 정신질병 중 하나이다. 하지만 우울증을 겪고 있는 사람 중 오직 30퍼센트만이 도움을 구한다. 또한 치료받기 원하는 사람의 절반 정도가 정

확한 진단을 받으며, 그 중 20퍼센트만이 적절한 치료를 받는다.

한 여성이 우울하면 그 가정, 특히 자녀가 영향을 받는다. 우울증은 또한 주변 사람들의 삶에도 영향을 끼친다. 우울증이 있는 부모를 둔 어린이들은 우울장애와 불안장애에 걸리게 될 위험을 갖고 있다. 이것을 치료하지 않은 채 그냥 방치하게 되면, 무기력해질 뿐만 아니라 정신병이나 기타 신체적인 질병으로 입원해야 할 수도 있다. 우울증은 최대한 조기에 치료되어야 하며, 우울증을 완전히 치료하기 위해서는 환자 가족들의 도움이 절실히 필요하다는 것을 알 수 있다.

우울증의 역사는 인류가 시작될 때로 거슬러 올라간다. 성경에서도 그 예를 찾아볼 수 있는데, 먼저 시편 51편의 다윗 왕을 보면 그는 고백하지 않은 죄와 자신의 어려운 상황들 때문에 능력을 상실하고 그의 영혼으로 고통스러워했으며, 이 시를 통해 자신의 절망을 이야기하고 있다. 또한 하나님께서는 느헤미야가 예루살렘 성벽 재건이라는 사역을 감당하도록 하기 위해 우울증을 사용하셨다(느 1:3, 4). 욥은 자신이 태어난 날을 저주할 정도로 엄청난 고통과 상실을 경험했다(욥 3장). 엘리야는 이방신들을 상대로 크게 승리한 후에도 너무도 우울하여 죽고자 했다(왕상 19:1~18).

우울증의 유형

- 단극성 우울증: 두 주 이상 지속되는 증상.
- 양극성 우울증: 주기적으로 조증(嘲症)을 수반하는 우울증.
- 기분저하증: 장기 만성 우울증. 증상은 대부분 심각하지 않으며, 두 달 이상 증상이 사라지지 않은 채로 최소한 이 년 동안 지속된다.
- 비정형 우울증: 지나친 피로, 과도한 수면, 과식과 같은 다른 증상을 수반하는 주기적 우울증.
- 계절성 우울증: 계절성 정동장애. 우울증의 시작이 일 년 중 특정한 기간이나 햇빛 부족과 연관되어 있다.
- 정신증적 우울증: 망상이나 환각을 동반한 심한 우울증으로 즉각적인 정신과 치료가 필요하다.
- 호르몬 우울증: 월경 전 불쾌장애, 월경 전 증후군, 산후우울증, 폐경기 우울증. 이런 우울증은 여성 호르몬의 일종인 에스트로겐 수치의 하락으로 발생하며, 항울제와 더불어 내과 치료나 호르몬 치료가 필요하다.
- 외상 후 스트레스장애: 외부로부터 가해진 생명을 위협하는 큰 충격을 경험한 후 발생하는 우울증.
- 가면우울증: 이 우울증은 진단 편람에 정식적으로 올라 있는 증상은 아니다. 이것은 어떤 사람이 우울증으로 인해 고통 받으면서 그것을 신체적인 문제, 과로, 혹은 분노와 같은 다른 문제나 활동 뒤

로 '은폐'하고 그것을 의식하지 않을 때 종종 발생되는 증상을 뜻한다.

우울증의 증상들
- 뭔가를 잘 잊어버리며, 한 가지 일에 집중하지 못한다.
- 마치 익사하거나 질식할 것 같은 느낌을 종종 받곤 한다.
- 쉽게 동요되고 흥분하며 걱정 근심이 그치지 않는다.
- 집이 매우 지저분하며 빨랫감과 설거지거리들이 쌓여 있고 뜯어보지도 않은 우편물들이 널려 있다.
- 외출했을 때 아는 사람과 마주치고 싶지 않다.
- <u>스스로</u>를 자제하지 못하며, 그것에 대해 심각하게 생각하지 못한다.
- 성관계를 포함해서 좋아하고 즐거워하던 일에 흥미를 잃는다.
- 자신의 인생에서 벌어지고 있는 일이 '멈춰' 있거나 '잘못' 되었다고 생각한다.
- 몸이 아프거나 그 외의 어떤 불편을 겪고 있다.

이것이 우울증의 증상이다. 무엇이 잘못되었는가? 우울증 때문에 고통스러워할 때 그 고통의 바깥, 어느 곳에선가 메시지가 들린다. 지금 무엇인가 잘못 되어가고 있다는 메시지일 수 있다. 또는 잠깐 멈추고 당신 자신의 삶에 대해 생각해 보고, 변화되어야 할

> **✤ 도움이 되는 성경말씀 ✤**
>
> "두려워 말라 내가 너와 함께함이니라 놀라지 말라 나는 네 하나님이 됨이니라 내가 너를 굳세게 하리라 참으로 너를 도와주리라 참으로 나의 의로운 오른손으로 너를 붙들리라"(사 41:10).

부분이 있는지 찾아보라는 경계의 메시지일 수도 있다. 잠깐 멈추어 이런 질문을 해 보라. "이 우울증이 내게 말하는 것이 무엇인가? 무엇이 나를 위한 최선의 치료 방법일까?"

우울증이 남성보다 여성에게 더 큰 영향을 끼치는 이유는 여성이 그 메시지를 일찍 인식하지 못하며 "스스로 기분이 좋아져야 한다."거나 "여기서 빨리 벗어나야 한다."고만 생각하기 때문이다.

치료를 빨리 받으면 받을수록 우울증 증상이 심각해지는 것을 막을 수 있으며, 재발 가능성을 최소화할 수 있다. 한 번의 진찰로 당신의 증상이 우울증 때문이라는 사실을 알았다는 것에 만족하지 말라. 증상에 대해 좀 더 많은 의견을 물어보고 다른 심리학자나 정신과 의사에게 정밀진단을 받아 보라. 우울증을 치료할 수 있는 열쇠는, 우울증이 모든 병의 근원일 수 있음과 어떤 신체적 증상이 '전형적'인 우울증상과 다를 수 있다는 사실을 아는 것이다. 우울증과 함께 올 수 있는 신체적, 정신적 증상은 다음과 같다.

신체적 증상

- 두통, 변비 또는 허리나 위, 관절, 근육, 가슴의 통증 등 치료해도

낫지 않는 만성 통증
- 식욕이나 체중의 변화
- 불면증이나 과도한 수면, 또는 잠자리에서 심하게 뒤척이거나 불규칙한 수면 경향
- 계속되는 피로나 무기력증
- 느리고 작게 이야기함
- 걱정과 공포

정신적 증상
- 집중, 기억, 결정, 판단, 사리분별이 어려움
- 부정적인 경험이나 생각에 사로잡힘
- 낮은 자아상
- 자살이나 죽음에 대해 주기적으로 생각함
- "뭐가 달라지겠어?" 등 방치하는 태도

감정적 증상
- 우울한 기분, 무력감, 뭐든지 가치 없다고 느낌, 슬픔, 성급함, 비관적인 생각
- 너무 심하게 울거나 또는 감정을 표현하지 못하고 울지도 못함
- 이유 없는 죄책감이나 자책

- 성관계를 포함한 이전의 취미나 활동이 즐겁지 않음
- 해소할 수 없는 슬픔을 느끼거나 논점을 상실함

나타나는 행동들
- 눈에 띄게 불안해하고, 성급하거나 활동이 크게 줄어듦
- 술이나 약물 등을 남용
- 자살 시도
- 직장이나 학교에서 성취능력의 감소
- 사회에서의 탈퇴. 외출하는 것과 친구들을 만나는 것을 거절하며, 친구들을 피함
- 책임이나 실패를 일으킬 수 있을 만한 상황들을 피함
- 군중을 싫어함
- 다른 사람들과 어울리는 것이 어려움

우울증을 일으키는 위험 요소들과 원인들

지금까지 우울증이라고 판명될 수 있는 모든 가능한 증상을 살펴보았다. 이 증상을 통해 무엇을 알게 되었는가? 우울증의 원인은 복잡하며, 여러 가지를 내포하고 있을 수 있다. 우울증의 근본적인

원인을 알려는 것은 마치 심장질환, 당뇨병, 암과 같이 복잡한 질병을 이해하려는 것과 같다. 우울증은 당신의 머리 안에 있는 것도 아니고, 당신의 몸 안에 있는 것도 아니다. 또한 당신이 허약할 때 나타나는 신호도 아니며, 기운을 차린다고 해서 회복될 수 있는 것도 아니다. 우울증은 육체적이고 상황적인 원인에 따른 자연적인 결과이다.

여성이 우울증에 걸리는 데는 많은 요소가 있는데 그 요소가 무엇인지 아는 것이 우울증의 예방과 치료의 첫 걸음이다. 그것이 단지 한 가지의 논점일 수도 있으며, 또는 서로 관련되고 중복되는 두세 가지의 논점일 수도 있다. 다음의 목록을 정밀하게 살펴보자. 그 목록 중 몇 가지가 자신에게 일어나고 있는 요소인지, 또는 당신의 생활 중 우울증을 유발시킬 만한 사건과 연관되었는지 살펴보라.

심리적 위험 요소
- 어린 시절의 나쁜 기억들
- 어린아이의 어머니
- 십대 소녀들
- 날씬해지고자 하는 욕망
- 주기적으로 찾아오는 긴장과 스트레스
- 베이비붐 세대 사람들과 다른 시대의 변화들

- 도시에 주거하는 사람들
- 이민자들
- 가난하거나 소수민족인 사람들
- 노년층
- 술, 마약, 성적인 중독

생물학적 위험 요소

- 뇌신경 전달물질의 불균형
- 가족 중 우울증을 경험한 사람이 있음
- 생식 호르몬
- 호르몬제와 약물
- 건강 상태
- 주기적으로 찾아오는 질병, 무력, 합병증

관계에서의 위험 요소

- 성적 · 육체적 학대
- 결혼과 자녀
- 사회에서의 역할이 주는 스트레스
- 낮은 자아상
- 독신 또는 홀로 자녀를 양육해야 하는 상황

- 소유물이나 사랑했던 것을 잃어버림

정신적 위험 요소
- 성격 유형와 심리적인 구성(비관적이거나 우울한 심리)
- 무력하다고 인식함, 또는 통제력 상실
- 되새김

우울증을 유발하는 다른 위험 요소
- 삶에서 나타나는 고통이나 도전
- 삶에서 나타나는 환경들에 대한 반응
- 계속되는 분투
- 잊히지 않는 과거의 외부적 상처 또는 정신적 충격과 상실

그렇다면 여성들이 남성들보다 더 쉽게 우울증을 경험하는 이유는 무엇인가? 위에서 열거한 우울증을 유발시키는 요소들에 더하여, 최근 연구들은 여성들에게 나타나는 우울증의 주요한 원인을 아래와 같이 발표하였다.

1. 호르몬
호르몬은 사춘기로부터 시작해서, 출산, 월경 전 증후군, 월경 전

병리적 장애, 산후우울증, 산후의 정신병, 폐경전후기, 폐경기 등 한 여성의 인생 영역에 매우 광범위한 영향을 미친다. 한 여성의 두뇌 화학적 성질은 여러 가지 방식으로 생식 호르몬과 상호 작용한다. 한 가지 생식 호르몬에 변화가 있으면 이것이 여성의 다른 조직에 영향을 미칠 수 있다. 예를 들어 임신과 출산은 에스트로겐과 여성 호르몬의 일종인 프로게스테론에 큰 변화를 일으킬 뿐만 아니라 산후우울증의 원인이 되는 시상하부 - 뇌하수체 - 부신 축에 극적인 변화를 일으킨다. 미래의 어머니들은 우울증의 예방과 치료를 위하여 이 단계에 도사리고 있는 우울증을 발생시키는 위험요소와 증상을 미리 인식하고 있어야 한다.

> ✚ 도움이 되는 성경말씀 ✚
>
> "하나님은 우리의 피난처시요 힘이시니 환난 중에 만날 큰 도움이시라"(시 46:1).

2. 유전학적 연관성

최근 연구에 의하면 가족 중 이런 질환을 가지고 있는 부모나 형제가 있다면, 우울증이 발생할 수 있다고 한다. 여성들에게 있어서 유전적 요소와 호르몬, 그리고 경험이라는 요소가 상호 작용함으로써 여성은 우울증에 걸릴 가능성이 높아진다.

3. 생활에서 받는 스트레스

연구 결과들에 따르면, 우울증을 겪고 있는 여성 중 80퍼센트 이상이 삶에서 불행한 일을 당하고 있다. 여성들이 시련을 겪고 심한 스트레스를 계속 받게 되면 우울증에 걸리기가 더 쉽다. 또한 여성들의 경우 스트레스와 염려, 고민은 우울증을 늘 따라다닌다.

4. 심리적·정신적 요소들

여성들은 남성들에 비해, 사회적, 문화적 요소로 인한 문제들에 대해 적응하는 경우가 더 적으며, 대신 그 문제들에 대해 곰곰이 생각한다. 여성들은 자신이 겪고 있는 고통과 그 원인, 결과들을 추측하고 고민하며 그것에 대해 표현하지 않고 마음속으로만 반복하고, 그에 대해 수동적으로 반응하는 경향이 있다. 이를 가리켜 '명상에 잠기는 사고'라고 한다. 스트레스의 주기, 부정적인 사고와 감정들은 실제로 더 많은 스트레스를 초래하며, 이런 것들은 또한 심각한 우울증을 더 오래 지속시킨다.

5. 인간관계

최근 한 연구 결과 여성이 맺고 있는 인간관계는 남성의 경우보다 여성의 자아상에 훨씬 큰 영향을 미친다는 사실이 밝혀졌다. 여성들은 또한 다른 이들의 삶에 영향을 끼치는 좋지 않은 사건들에 반응하는 데 있어서도 더욱 쉽게 스트레스를 받으며, 자신의 필요를 어려움을 겪는 사람들의 필요에 비해 이차적인 것, 즉 별로 중요하지 않은 것으로 여긴다. 불행한 결혼생활에서 여성은 남성에 비해 우울증을 경험할 확률이 거의 세 배나 높다. 여성이 우울증의 증상과 혼란의 위기를 겪게 될 확률은 그 여성에게 어린 자녀가 있을 경우에 더 높아지며, 이는 자녀의 수에 비례한다.

6. 트라우마
어린 시절의 성적 학대, 육체적 그리고 정신적 학대, 성인 성폭행, 테러리즘, 남편의 폭력, 그리고 신체적 질병과 같이 잊혀지지 않을 정도로 큰 트라우마(trauma, 영구적인 정신장애를 일으키는 충격 – 역주)도 우울증을 초래할 수 있다. 성적·육체적 트라우마는 여성을 우울증의 위험에 빠지게 하며, 이는 자존감과 자기 가치의 상실을 초래할 수 있다. 삶을 위협하는 상황에서 여성은 외상후 스트레스장애(어떤 강한 트라우마를 겪었을 때 그것이 내면에 남아 그와 비슷한 상황에 처하면 다시 그와 비슷한 충격을 겪게 되는 스트레스성 장애 – 역주)를 겪을 수 있다.

이런 정보를 나누는 이유는 당신이 우울증을 일으킬 만한 원인에 대한 몇 가지 통찰력을 가져야 하기 때문이다. 지금까지 설명한 우울증 원인이 되는 위험 요소 중 어느 것도 극복할 수 없는 것은 없다. 지금 당장은 희망적이라고 느끼지 못한다 하더라도, 용기를 내길 바란다. 여기서 배운 것부터 시작하라. 그 후에 친구, 영적 지도자 또는 전문 상담가의 도움을 얻으라. 무엇보다도 쉬지 말고 기도하길 바란다. 하나님께서 당신의 인생에 능력을 부으심으로 역사하시도록 최선을 다해 견고하게 그분을 의지하라. 하나님께서는 인생의 가장 어두운 순간들에 당신과 함께 걷겠다고 약속하셨다. "내가 너를 떠나지 아니하며 버리지 아니하리니"(수 1:5). 당신이 골짜기를 지날 때에도, 그분께서는 당신의 치유를 완성하기 위해 보살피시며 도울 수 있는 원천들을 공급하시고 당신과 함께하실 것이다(시 23편).

다른 이들의 도움 구하기

만약 당신 자신이나 당신이 아는 누군가가 우울증에 시달리고 있다면, 이를 극복하기 위해 치료받는 것을 게을리 하지 말고, 또한 그 치료받는 일을 방해하는 어떤 것들도 용납하지 말라. 우울증을 너무 오랫동안 내버려두지 않고, 그것을 극복하기 위해 혼자서 분투하지 않는 것이 매우 중요하다. 우울증은 치료될 수 있다. 그러나 당신은 다른 사람의 도움뿐만 아니라 회복을 위해 이용될 수 있는 자원을 필요로 할 것이다. 계속해서 고통을 홀로 지니고 있을 필요가 없다. 다음의 내용들은 우울증 치료를 시작하기 위한 몇 가지 지침들이다.

치료를 위한 조언
만약 당신이 자신이나 당신이 아는 어떤 사람에게 우울증세가 있음을 알게 된다면, 가장 먼저 해야 할 일은 그 증세를 일으킬 만한 기초적인 의학적 원인이나 질병이 있는지를 알아보기 위해 총체적인 건강검진을 받는 것이 필요하다. 만약 당신이 어떤 처방 약품이나 또는 처방받지 않은 약물을 복용하고 있다면 이런 것들이 우울증의 원인이 될 수 있기 때문에 의사에게 알려야 한다.

어떤 신체적 장애나 질병이 우울증의 원인이 아니라면, 다음 단계로 상담가나 정신과 의사를 찾아가 충분한 심리검사를 받아야 한다. 우울증의 기초가 되는 모든 가능한 원인에 대해 제대로 이해하는 것은 상담가와 정신과 의사가 효과적으로 장단기의 치료를 이끄는 데 도움을 주기 위해 꼭 필요하다.

하지만 나는 이것이 일부 여성에게 있어서는 어려운 일임을 알게 되었다. 우울증, 상담, 그리고 항울제 복용에 대해 사람들이 편견을 가지고 있기 때문에 어떤 여성들은 우울증을 치료하기 위해 약물을 사용하는 것을 꺼려한다. 이런 편견은 환자에게 필요한 실제적인 도움을 얻지 못하게 하며, 불필요하게 오랫동안 지속되는 고통을 초래할 수 있다. 하나님께서는 우리를 우울증을 수용할 수 있는 능력을 가진 존재로 창조하셨다는 사실과, 우울증을 우리 자신의 힘으로 극복할 수 없다고 해서 우리가 영적·정신적으로 실패한 것이 아니라는 사실을 기억하라. 완전한 회복을 위해서는 주위 사람들로부터, 그리고 하나님께

> ❖ 도움이 되는 성경말씀 ❖
>
> "내가 부를 때에 여호와께서 들으시리로다"
> (시 4:3).

서 상담과 약물의 발전을 통해 공급해 오신 실제적인 자원으로부터의 원조가 필요하다.

우울증도 한 목적을 위해 사용되고 있음을 잊지 말라. 그것은 치유를 위한 기회이며 당신의 삶에 무엇인가 문제가 있다는 사실을 지적해 주는 역할을 담당한다. 만약 당신에게 당뇨병이나 심장질환과 같은 다른 걱정거리가 있다면 당신은 치료를 등한히 하지 않을 것이다. 하나님께서 당신이 가지고 있는 두려움과 잘못된 개념들을 변화시키실 수 있도록, 그리고 당신이 사용할 수 있는 치료의 자원들에 대해 당신이 꺼리지 않는 마음을 갖도록 그분께서 당신을 도우시도록 간구해야 한다. 하나님께서 당신에게 약속하셨다. "두려워 말라 내가 너와 함께함이니라 놀라지 말라 나는 네 하나님이 됨이니라 내가 너를 굳세게 하리라 참으로 너를 도와주리라

참으로 나의 의로운 오른손으로 너를 붙들리라"(사 41:10).

심리요법

하나님께서는 우리가 다른 사람들과 소중한 관계를 맺기 바라신다. 그리고 서로서로를 도울 수 있도록 여러 가지 선물을 우리에게 주셨다. "그러므로 우리가 긍휼하심을 받고 때를 따라 돕는 은혜를 얻기 위하여 은혜의 보좌 앞에 담대히 나아갈 것이니라"(히 4:16). 이런 이유로 상담은 당신의 인생에 치유를 불러오고 당신의 인생을 회복시키기 위한 그분의 섭리의 한 부분으로, 매우 훌륭한 역할을 감당할 수 있다.

상담가는 당신 인생의 복잡한 문제들, 우울증의 기초가 되는 원인들, 그리고 그 우울증이 당신의 인생과 당신이 맺고 있는 관계들에 어떻게 영향을 끼치는가 등을 검진하기 위해 훈련받은 사람이다. 전문 상담가는 믿을 만하고 일관된 시간들을 제공해 줌으로써 당신의 말에 귀를 기울이며 당신을 존중할 것이다. 이 같은 지속적인 과정을 통해 당신의 혼란스러웠던 마음은 명확해질 것이다. 상담은 첫째로 당신이 하나님과 그리고 그 다음에는 상담가와 협력하는 것이다.

연구에 따르면, 심리요법은 항울제를 통해 증세가 좋아진 여성들에게 병의 재발이나 우울증의 반복을 방지하는 데 매우 유용하다. 만약 항울제를 이용할 필요가 없다면, 상담만으로 우울증의 기초가 되는 요인들을 해결하는 데 큰 도움을 받을 수 있다. 대인관계나 인식 행동 치료뿐만 아니라, 가족들을 치료하는 데도 매우 유용한 부부관계 치료나 가족 치료와 같은 다른 상담 방법들 또한 지속적인 효과를 보인다.

항울제를 통한 약물치료

항울제를 통한 약물치료의 이용에 대해 상당한 오해, 심지어는 두려움이 있다. 일단 뇌에 대해, 그리고 그것이 어떻게 특정한 약물들과 함께 더 적절하게 기능할 수 있는지에 대해 이해하게 되면, 항울제를 무조건 거부하는 것이 옳지 않음을 알게 될 것이다. 항울제는 정신병을 일으키거나 중독적인 약물이 아니다. 항울제는 본래 뇌가 창조된 목적대로 일하는 것을 돕기 위해 작용하는데, 능률적인 방향으로만 작용한다. 항울제는 우울증세가 나타날 때 뇌 안에 있는 적어도 두 가지의 중요한 화학적인 배달부, 다시 말해 우울증세가 나타날 때 고갈된 신경전달물질이 증가하도록 돕는다. 이 배달부는 부신에서 분비되는 호르몬인 에피네프린과 혈청 중에 함유되어 혈관 수축작용을 나타내는 호르몬의 일종인 세로토닌이다.

이것들과 다른 생화학적인 작용은 두뇌와 신체가 정상적으로 기능할 수 있게 하기 위해서 두뇌의 명령 중추에 영향을 준다. 이 물질들이 교대로 기분을 향상시키고 부정적인 사고를 감소시킴으로써 우울증의 증상을 완화시킨다.

현재 이용 가능한 매우 발달된 항울제가 많이 있는데, 부작용은 더욱 줄었다. 한 가지의 약물이 모든 사람을 위하여 최고의 효과를 나타내는 것은 아니며, 당신에게 가장 적은 부작용을 주면서 가장 효과적인 약물을 찾기 위해서는 실험의 과정을 거쳐야 할 수도 있다. 그러므로 만약 상담가나 의사가 어떤 항울제를 권한다면, 그것을 긍정적으로 받아들이고 인내하기를 바란다. 치유를 위한 하나님의 섭리를 받아들이는 과정에서 평화를 주실 것을 그분께 간구하라. 시편 30편 1, 2절은 "여호와여 내가 주를 높일 것은 주께서 나를 끌어내사 내 대적으로 나를 인하여 기뻐하지 못하게 하심이니이다 여호와 내 하나님이여 내가 주께 부르짖으매 나를 고치셨나이다."라고 고백한다. 많은 여성들이 항울제에 의한 치료 방법을 사용하면서 기도했을 때 회복되었다.

모든 우울증을 해결할 수 있는 마법의 약은 없다. 그 근원이 생물학적인 이유에 기초한 것이 아니라면 우울의 기초가 되는 원인들을 해결하기 위해 상담을 받는 것이 매우 중요하다. 사실상 연구를 통해 항울제 복용과 함께 상담을 받을 때 장기적으로 가장 효과적인 결과가 나타난다는 사실이 밝혀졌다.

지혜롭게 보조 치료를 이용하라

항울제를 복용하고 있는 사람들 중 약 30퍼센트는 항울제 치료에 반응하지 않거나 나쁜 반응을 보이다. 이런 여성들은 약초, 천연 물질, 그리고 다른 치료 방법에 효과를 보이며 이런 것들이 필요하다. 천연 제품들을 구입하는 사람 중 65퍼센트 이상이 여성이다.

영혼/ 마음/ 신체 접근법과 같은 보조생활방식치료와 약물치료는 당신이 자신의 인생과 건강에 대하여 능동적인 역할을 감당할 수 있게 하며, 전통적인 의학 요법들에 의해 초래된 치료하기 힘든 부작용을 최소화할 수 있다. 기도, 명상, 관계를 통한 도움, 영양학적 공급, 운동, 그리고 마사지는 일반적으로 건강을 증진시킬 뿐만 아니라, 우울증과 여러 종류의 질병에 대한 저항력과 회복력을 증가시킨다.

다른 한편으로 일부 약물 보조제, 약초, 그리고 비타민 보충제를 과도하게 투약하거나 다른 약물과 섞어서 사용하면 해로울 수 있다. 요한초(St. John's wort), 카바(kava), 은행잎, 그리고 길초근은 하나님께서 창조하신 천연 약품이며 이것들을 지혜롭게 이용해야 한다.

하지만 '천연'이라고 해서 방심해도 된다는 뜻은 아니다. 보조 약물에 대해 잘 알고 있는 당신의 의사나 다른 건강 전문가에게 문의하라. 의사나 약사가 처음에 별도의 지시를 하지 않은 이상, 어떤 약물을 투여하고 있는 동안 다른 어떤 물질을 사용하는 것을 피해야만 한다는 사실을 명심하라.

우울증을 극복하기 위한 전략

많은 다른 여성들이 위험을 무릅쓰고 회복을 위한 여정을 성공적으로 마쳤다. 당신도 그렇게 할 수 있다. 당신이 실천적인 생활의 전략을 세우기 위해 계획을 세울 때 고려하면 좋을 몇 가지 접근 방법을 소개하고자 한다.

1. 당신이 우울증으로 인해 분투하고 있음을 인정하라. 언제 우울증을 경고하는 신호에 주의를 기울여야 하는지 아는 것은 어려운 일인데, 특히 초기에는 더욱 그렇다. 더구나 우리는 바쁘다는 핑계로 그것을 무시하며 사라질 것이라고 바라는 경향이 있다. 그러나 시간이 흘러감에 따라 우울증의 신호들은 더욱 희미해질 수 있다. 무엇이 '당신 자신'이며 무엇이 '당신의 과실' 또는 '약점'인지, 그리고 더 나아지기 위해 어떤 계획을 세워야 할 것인지, 그 차이점을 말하기가 더 어렵게 된다. 만약 당신이 우울증세를 초기에 인식한다면, 자신이 우울하고 그것에 대해 무엇인가를 해야 한다는 것

을 자신이 스스로 인정하는 것이 중요하다.

2. 정직하라. 그리고 기도로 하나님께 마음을 열어야 한다. 만약 당신이 그렇게 해야겠다고 느낀다면, 하나님께 영적인 혼란, 실망들, 그리고 하나님께 대한 분노조차도 말해야 한다. 하나님께서 바라시는 것, 그리고 우리에게 필요로 하시는 것은 하나님과의 깊은 관계이다. 하나님께서 우울증의 기초가 되는 원인이 무엇인지 당신에게 드러내 주시기를, 그리고 전문적이고 개인적인 측면에서 당신을 도와줄 수 있을 만한 사람들께로 인도해 주시기를 간구하라.

3. 우울증으로 인해 겪는 고통에 대해 도움을 줄 수 있거나 감정을 나눌 수 있는 사람에게 이야기하라. 우울증을 홀로 겪어서는 안 된다. 스스로에게, 그리고 하나님께 당신의 우울증을 인정하게 된 이상, 신뢰해도 좋을 만한 사람에게 그것에 관해 이야기하라. 어려움의 시간을 극복해 온 여성들은 자신이 다른 여성들과 함께했던 교제가 우울증만이 아니라 다른 인생의 어려움을 극복해 내는 데도 결정적인 도움을 주었다고 말한다.

4. 작은 목표들을 세우고 작은 것부터 실행하라. 모든 것을 한꺼번에 하려고 시도하지 말라. 그날에 할 수 있는 바로 그것만 하는

것이다. 해야 할 일을 작은 것으로, 다루기 쉬운 부분으로 나누라. 통제권은 지금 당신이 가지고 있다. 자신에게 너무 급하게 너무 많은 것을 기대하지 말라. 이것은 자신을 좌절하기 위해 준비하는 것과 같다. 마침내 치료 과정을 통해 당신의 감정이 변화되고 있다는 사실이 드러날 것이다. 그러나 처음에는 천천히 하는 것이 좋다. 하루하루를 통해 행해지는 실천적인 행동들에 초점을 맞춰야 한다.

5. 성장과 변화는 하루에 한 번만 발생한다는 것을 기억하라. 우울증으로부터 회복되기까지는 시간이 걸린다. 나아지고 있다는 것을 느낄 때까지 몇 주가 걸릴 수도 있다. 오늘 삶의 한 영역에서부터 시작하라. 그리고 한 번에 한 단계씩 진행하라. 어떤 고약한 생각이 떠오르면 하나님 말씀의 진리로써 응대하라. 하나님의 말씀이야말로 당신에게 힘을 주는 가장 큰 근원이다. 이 세상의 거짓들에 맞서기 위해 날마다 하나님의 진리에 대해 묵상하라. 당신의 하나님께서 당신을 위하여 거기에 계신다(시 42:5).

건강한 삶을 위한 전략들

우울할 때 가장 힘든 일 중의 한 가지는 스스로를 잘 보살피는 것이다. 예전에 즐겼던 활동이나 그것에 관한 어떠한 문제에도 더 이상 관여하고 싶지 않은 느낌을 가질 수 있다. 주의하지 않는다면 걷잡을 수 없이 과식하고, 잠을 설치고, 운동도 하지 않으면서, 부정적인 생각의 악순환에 사로잡히고 영적으로 메말라 하나님에 대해 낙담하면서 스스로 고립하는 것으로 결말을 지을 수 있다. 자신의 건강을 돌보고 치료에 투자하는 것이 회복을 향한 열쇠이며 당신의 회복이야말로 가족 전체의 건강에 너무나 중요한 것이다. 그러므로 자신을 위하여 시간을 투자하는 것에 대해 죄책감을 느끼지 말아야 한다.

당신에게 필요한 원조와 전문적인 도움을 확보한 것에 더하여, 한 완전한 인간으로 회복되기 위한 치료에 필수적인 건강한 생활방식을 위한 몇 가지 실천적인 기본사항이 있다. 이것이 간단한 것처럼 들린다고 할지라도 매일의 선택과 습관이 더 효과적이며, 그것이 지속적인 회복에 얼마나 중요한 것인가에 대해 과소평가하지 말라.

1. 균형 잡히고 영양이 풍부한 소량의 식사를 규칙적으로 하라. 우울증과 당신의 뇌, 그리고 입으로 섭취하는 음식 사이에는 연관이 있다.

2. 충분한 수면을 취하라. 적어도 하루에 여덟 시간은 자야 한다. 우울, 염려, 그리고 스트레스는 종종 불면증을 동반한다. 지나치게 지쳐 버리면 우울증에 걸릴 수 있다.

3. 운동을 시작하라. 신체적인 활동은 기분을 촉진시키는 역할을 한다. 여러 연구 결과에 따르면 운동은 기분을 좋게 하며, 자연적인 우울증 치료제의 기능을 한다고 한다. 적어도 일주일에 서너 번, 하루에 삼십 분 동안 활기 있게 걷거나 뛰는 것이 실제로 몇 가지 종류의 우울증에 있어서는 약물과 같은 효과를 낼 수 있다.

4. 스트레스를 줄이라. 스트레스, 걱정, 그리고 우울증은 종종 나란히 진행되며, 따라서 생활에서 겪는 만성적인 긴장을 생각하며, 스트레스를 감소시키고 그것으로부터 회복되기 위해 가장 효과적인 방법에 대해 조사하라.

5. 긍정적인 것들을 가까이 하라. 왜곡되고 비관적인 믿음과 싸우는 법을 배우라. 그리고 그것들을 성경적이고 실재에 기초한 낙관적인 대안들로 대체시키는 법을 배우라. 일상생활 가운데에서 긍정적인 사람들, 사건들, 매체, 음악, 그리고 문학작품을 가까이 하라.

6. 자신에게 투자하라. 당신의 삶에서 친구들과 함께 모이는 것, 취미를 즐기는 것, 여러 장소에 가는 것, 오락을 즐기는 것 등 의미 있는 활동을 하기 위하여 계획해야 할 것이다.

> ❖ 도움이 되는 성경말씀 ❖
>
> "너희는 마음에 근심하지 말라 하나님을 믿으니 또 나를 믿으라"(요 14:1).

7. 다른 사람들에게 투자하라. 누군가를 위해 친절을 베풀라. 그 사람의 말에 경청하거나 그 사람을 도울 수 있도록 열린 자세를 가지라. 당신 자신뿐만 아니라 당신의 도움이 필요한 누군가를 돌볼 때, 당신은 통찰력을 유지하게 될 수 있다. 게다가 당신은 도움이 필요한 누군가를 도운 대가로서 축복을 받게 될 것이다.

어려운 도전과 방해물이 있는 것처럼 보일지라도 완전한 회복을 이루는 것과 미래에 있을 우울증에 대한 방비책을 세우는 것이 가능하다. 치료를 위해 가장 효과적인 전략은 통합적인 접근, 즉 자신을 한 전인(全人)으로 여기는 것임을 기억하라. 하나님께서 당신의 회복을 위하여 공급하시는 모든 자원들, 즉 의학적 치료, 상담, 사회적 도움, 천연 치료들, 기도와 성경 말씀, 그리고 건강한 생활 방식 등을 활용하라. 당신 자신을 잘 돌봐야 한다. 하나님께서 당신을 축복하실 것이다.

우울증 생존 장비

다음에 언급하는 우울증 생존 장비를 꾸려 보자.

- 어두움에 둘러싸여 있을 때도 그리스도의 사랑은 결코 소멸되지 않는 불임을 자신에게 상기시키기 위한 초.
- 스스로 완전히 지쳐 버렸다고 느꼈을 때 수면, 휴식, 운동이 "다시 불을 밝힌다"는 사실을 당신에게 상기시켜 줄 성냥.
- 하나님께서 위로하시고 치유하시고 회복하시는 데는 시간이 걸린다는 것을 기억하기 위한 반창고.
- 하나님과 당신과 가족과 친구들과 당신이 속해 있는 공동체와 그리고 기독교 신앙과의 관계가 그 어떤 것보다도 의미 있다는 것을 당신에게 상기시키기 위해 서로 잇대어진 두 개의 종이 클립.
- 당신이 받은 축복들을 적기 위해, 매일 기도 일기를 쓰기 위해, 그리고 무엇이 진짜 문제인지 적절한 때에 쓰기 위한 연필.
- 당신 자신과 다른 사람들에게 정직한 것, 용서를 구하는 것, 그리고 다른 사람들을 용서하는 것에 의해 당신의 삶이 깨끗하게 지켜질 것이라는 사실을 상기시키기 위한 지우개.
- 자신을 양육하고 잘 보살필 수 있다는 것을 기억하기 위한 한 장의 양털 담요.

- 자신이 사랑받고 있다는 것을 스스로에게 상기시키기 위한 초콜릿. (그러나 너무 많이 먹는 것으로 스스로를 위로하지는 말라!)
- 당신이 계속해서 분투하면서 인내하고 있다는 것을 잊지 않기 위한 껌.
- 웃음이 좋은 약이라는 것을 기억하기 위한 스니커즈 초콜릿 바.

하나님께서 당신이 이 모든 것을 같이 지닐 수 있게 도우신다는 것을 끊임없이 생각나게 할 투명한 가방 안에 당신을 행복하게 할 이 모든 것을 넣으라!

# 5 폐경기

- 조지프 메이오 & 메리 앤 메이오
Joseph & Mary Ann Mayo

아침에 주의 인자로 우리를 만족케 하사 우리 평생에 즐겁고 기쁘게 하소서. _시편 90편 14절

늙어간다는 것은 하나님께서 주신 축복이다. 물론 매년 새해를 맞고 나이 한 살 먹을 때마다 그렇게 생각하는 사람들이 많지는 않겠지만 말이다. 주변의 젊은 사람이 갑작스러운 교통사고나 백혈병으로 죽으면 우리는 충격을 받는다. 왜냐하면 보통 젊은 사람보다는 늙은 사람이 죽음에 더 가깝다고 생각하기 때문이다. 그러나 '늙는 것=죽음'이라는 등식 때문에 우리는 여러 가지 유익한 것들을 놓치고 있다. 만일 노년이 오직 죽음하고만 관계있다면, 늙어가면서 마음이 불안해지는 것은 당연하다.

나(메리 앤)는 내 나이를 속여 본 적이 없지만 육십 세가 될 때까지 솔직히 나를 늙은이라고 생각해 본 적도 없다. 늙는 것을 부정하는 것은 우리가 좀 더 완숙해져 가고 있고, 식견이 늘어가며, 우리의 영혼이 성숙해 가는 데에 무엇인가 문제가 있다는 의미이다. 늙는다는 것은 더 지혜로워지며, 동시에 세상적인 것을 더 잘 초월할 수 있다는 의미로 해석되어야 한다.

나이를 부정하는 것은 노화를 직면하는 문제에 대한 적절한 해결책이 아니다. 성경은 우리에게 우리 자신을 좀 더 현실적으로 보라고 말한다(롬 12:4). 하지만 많은 사람들이 늙는 문제에 있어서는 이런 성경의 충고를 받아들이지 못한다. "늙는다는 것은 몸이 망가지는 것이고, 이제 내 인생의 절정기는 끝난 거야." 혹은 "나

> **도움이 되는 성경말씀**
>
> "내가 말하기를 날이 많은 자가 말을 낼 것이요 해가 오랜 자가 지혜를 가르칠 것이라 하였으나"(욥 32:7).

는 이제 더 이상 창조적인 일을 할 수 없어."라고 말하는 것, 다시 말해 노화의 부정적인 면만 바라보는 것은 진리를 무시하는 것이다. 성경은 우리에게 젊은이들은 힘을 자랑할 것이지만, 지혜로운 백발이 훨씬 더 아름다운 것이라고 가르쳐준다(잠 20:29). 욥은 "지혜는 늙은이들에게서 나오지 않더냐? 장수는 명철을 가져오지 않더냐?"(욥 12:12, NIV)라는 수사학적인 질문을 던졌다.

나이 든 사람들에 대한 하나님의 계획은 공동체의 핵심적인 부분을 차지한다. 우리가 하나님의 계획하심을 받아들이든 받아들이지 않든 간에 우리가 이 '인생의 황금기'를 거부하고 악을 쓰며 시작하든지 혹은 기대와 흥분으로 시작하든지, 결국 우리는 너무도 명백한 이 사실에서 도망칠 수 없다. 우리는 결국 늙는다.

이 진리를 받아들인다고 해서 늙는 것에 대한 임무를 받아들일 때 생길 복잡한 감정이 사라지지는 않을 것이다. 늙는다는 것은 변화를 받아들여야 한다는 뜻이다. 그러나 많은 사람들은 그것을 괴로워한다. 변화는 힘든 일이다. 그렇다고 변화의 필요성을 회피할 필요는 없다. 하지만 여성이 뒤에 남겨진 것들을 슬퍼하고 어떤 새로운 것들이 그 자리를 대신해야 하는가에 대해 고민할 때, 진정한 용납이 이루어진다는 것은 변화의 진실이다. 변화를 이루고자 하는 마음으로부터의 열심이 있다 해도 그것을 슬퍼하는 것은 변화의 일부분이다. 중년의 여성이 자신의 신체적인 변화와 사회적인 변화에 대해 몹시 슬퍼하는 것은 놀라운 일이 아니다.

예를 들어 여성의 몸이 이제 노화의 여정에 참여할 때가 되었다는 신호를 보낼 때 우리 부부가 그랬듯이 여성들은 대부분 부모의 건강이 악화되고, 자녀들이 집을 떠나고, 직장에서 일이 힘들어지고, 병에 걸리는 슬픈 일들을 동시에 경험하게 된다. 그때 나는 내 남편의 갑작스러운 심장 발작으로 인해 개인으로나 부부로서 우리 삶의 우선순위를 재조정하고 삶을 다시 정리하게 되었다. 이른바 '황금기'는 우리로 하여금 중요한 책임들에 대해 평가하고 그것들을 받아들이게 한다. 위기가 닥쳐오기 전에 우리가 더 많은 평가를 하고 계획을 세운다면 이 모든 것에 대해 더욱 잘 대처할 수 있는 가능성이 높아질 것이다.

정직하고 적절한 평가가 필요하다. 그리고 그것은 반드시 마음과 몸, 영혼의 상태를 돌아보는 데서 시작되어야 한다. 영화배우 브리짓 바르도는 이 사실을 잘 알고 있는 것 같다. 그녀는 "늙는다는 것은 매우 슬픈 일이지만, 무르익는 것(ripening)은 너무 멋진 일이지요."라고 말한 적이 있다. 그녀의 말은 우리가 나이를 먹어가면서 해야 하는 선택과 우리가 취해야 할 태도에 대해 가르쳐주고 있다. 그녀의 말은 절망과는 거리가 멀다. 그녀는 나이를 먹는 것을 주름이 늘어가는 것이나 몸이 늙어가는 것으로 정의하지 않았다.

무르익음은 나이를 먹는 것을 묘사하는 완벽한 상징이다. 생각해 보라. 익지 않은 과일은 영양이 풍부할지는 모르나 무르익은 과일은 우리 몸에 단순한 먹을거리 이상의 무언가를 준다. 풍부하고 멋진 색깔과 달콤한 향기는 우리를 매료시킨다. 우리는 그것을 따서 과일의 싱싱한 맛과 과즙을 맛보고 싶어 한다.

과연 우리는 어떻게 하면 '무르익은 과일과 같은' 사람이 될 수 있을까? 어떻게 하면 우리는 우아하게 인생의 다음 단계로 넘어갈 수 있을까? 이제 무르익어 가는(Ripen) 과정에 대해 살펴보도록 하자.

무르익기 혹은 성숙(Ripen)의 첫 글자인 R은 우선순위를 매기는 것(reprioritizing)을 상징한다. 중년 여성은 이제 인생의 마지막 삼분의 일에 진입하고 있는 것이다. 그녀의 인생은 아직 끝나지 않았다. 이제 그가 해야 하는 일은 무엇일까? 이제 끝을 맺거나 새롭게 시작해야 하는 일은 무엇인가? 즉시 해결해야 할 필요가 있는 것은 어떤 것들일까? 어떤 유산을 남겨두어야 하는 것일까?

I는 영양보조제를 섭취하거나 녹차를 마시는 것과 같이 새로운 건강 습관을 만드는 것(instituting)이다.

P는 운동이나 스트레스를 감소시키는 일이 가장 중요한 일이 되

도록 삶의 속도를 조정하는 것(pace)이다.

E는 개인적인 필요에 대한 제대로 된 결정을 내리기 위해 건강을 평가하는 것(evaluating)을 말한다.

N은 영양에 관한 것(nutrition)이다. 무르익음 성숙함을 이루는 데 필요한 영양소를 섭취하기 위해서는 몸과 영혼 모두에 어떤 영양이 필요한지를 제대로 평가하는 것이 중요하다.

노화에 대한 재해석

노화를 무르익음, 즉 성숙으로 생각하는 것은 여러 가지 면에서 새로운 개념이다. 어떤 것을 대하는 전통적인 방식을 바꾸고 그것을 새로운 방식으로 받아들일 때 우리는 그것을 '재해석한다'고 말한다. 노화를 긍정적으로 바라보기 위해서는 재해석이 필요하다. 재해석은 또한 관계를 확실하게 하기 위한 우리의 목표가 평범한 것을 뛰어넘는 풍부함으로 "무르익어 갈" 때에 적절하다. 우리는 우리가 전통적으로 맡아온 역할을 정직하게 바라보면서 재해석하기 시작할 것이다.

예를 들어 여성이 모든 것에 대한 책임을 지려고 하면서 사는 것은 드문 일이다. 여성의 이런 행동을 표현하는 용어까지 있을 정도니 말이다. 이런 행동을 우리는 '안주인 증후군(the ruler of the roost syndrome)'이라고 말한다. 이런 증후군을 가지고 있는 중년 여성은 노화의 단계에 진입하는 자신이 매우 지쳐 있음을 발견하게 될 것이다. 사실 이런 증후군을 앓고 있지 않다 하더라도 우리는 인생을 되돌아보면서 이런 고백을 할지도 모른다. "더 이상은 못하겠어. 예전에는 한꺼번에 여러 가지 일을 해냈지만 이제는 아니야. 아무 말도 하지 마. 더 이상은 하고 싶지 않아!"

만일 이런 고백이 이상하게 들린다면 당신에게는 노화에 대한 재해석이 필요하다. 모든 사람의 필요를 충족시키기 위해서는 당신이 가지고 있는 무엇인가를 남들에게 끊임없이 주어야 한다. 이것은 잠자리를 제공해 주는 것, 맛있는 음식을 요리해 주는 것, 혹은 그림 그리기나 피아노 연주 등 당신이 하고 싶은 일에 대한 개인적인 꿈과 열망을 이야기해 주는 것을 말한다. 당신이 '안주인 증후군'에 사로잡혀 있었다면 그동안 당신은 영적으로 고달팠을 것이다. 이제 '안주인'으로서의 삶이나 혹은 단순히 생계를 유지하는 삶을 뛰어넘어 새로운 시도를 하는 것이 오히려 당신에게는 낯선 일일 것이다. 그러나 만일 당신이 만족과 건강상태에 있어서의 가장 중요한 목표가 잘 늙는 것이라는 사실을 믿는다면, 이제 당신은 꼭 필요한 변화를 받아들이는 수밖에 없다.

그 변화는 어디서부터 시작하는가? 우선 좋은 소식이 있다. 작은 목표가 큰 변화를 가져올 수 있다는 사실이다. 약간의 조정이나 진로 변경도 좋다. 진짜 해야 할 질문은 "내가 어떻게 하면 나 자신을 더 잘 대할 수 있을까?" 하는 것이다. 대부분의 여성은 건강을 위해 좀 더 휴식을 취하거나 좀 더 묵상의 시간을 갖고, 일을 줄이며, 조직적인 계획을 세울 수 있을 것이다. 폐경기 증후군이 '삶의 변화'가 필요하다는 신호를 보내오면, 우선순위를 조정하는 과정을 속히 시작해야 한다. 폐경기를 동반한 다른 스트레스 요인은 이 과정을 더욱 어렵게 만들 수도 있기 때문이다. 하지만 그것들조차 변화를 위한 원동력이 될 것이다.

> ❖ 도움이 되는 성경말씀 ❖
>
> "너희가 노년에 이르기까지 내가 그리하겠고 백발이 되기까지 내가 너희를 품을 것이라 내가 지었은즉 안을 것이요 품을 것이요 구하여 내리라"(사 46:4).

새로운 시작으로서의 폐경기

폐경기는 모든 여성들이 공유하고 있는 몇 가지 문제들 중 하나이다. 이는 생식 호르몬인 에스트로겐, 프로게스테론, 그리고 약간의 테스토스테론에 변화가 생기면서 발생하는 자연스러운 과정이다. 폐경기는 한순간에 스위치를 돌려 노년의 문으로 들어가는 것이 아니다. 오히려 시간이 오래 걸리는 여행이다. 전문 용어로 폐경기는 여성의 난소가 더 이상 난자를 생산할 수 없고 월경도 멈추게 된 때를 말한다.

폐경기로 접어드는 여성의 유전적 요인, 생활양식, 그리고 건강은 앞으로 그녀가 어떤 경험을 하게 될지를 결정한다. 월경이 그치기 직전의 시기를 폐경전후기라고 하는데, 이때 많은 여성들은 폐경 후기보다 더 힘들 수도 있다. 왜냐하면 이 시기에는 호르몬 수치가 불규칙하게 변하기 때문이다. 몸은 계속 호르몬을 생성하려고 하는데 호르몬의 비율은 계속 변한다.

그러나 폐경기에 대해 다른 사람들이 불평하는 이유를 이해하지 못하는 여성들도 있다. 그들은 "폐경기요? 아무것도 아니에요. 문제없어요."라고 당당하게 말할 수 있는 운 좋은 삼분의 일에 속하는 사람들이다. 중년 여성의 나머지 삼분의 일은 몇 주나 혹은 몇 개월에 걸친 힘든 증상에 시달리고, "대체 나에게 무슨 일이 일어나고 있는 거죠? 뭔가가 달라졌어요."라고 말할 것이다. 그리고 마지막 삼분의 일은 수개월 혹은 수년에 걸쳐 더 비참한 상태를 견뎌야 한다.

일부 젊은 여성들 중에는 일찍 폐경기를 경험하는 사람들이 있다. 난소의 기능을 망가뜨리는 질환을 앓고 있거나 이와 관련된 치료를 받고 있는 경우 그럴 수 있다. 혹 그들은 정상적인 나이에 폐경에 이를 만큼 충분한 수의 난자를 가지고 태어나지 않았을 수도 있다. 폐경기의 여정이 매우 일찍 시작되는 여성들은 37세에 폐경기를 경험하기도 하는데 이때 때때로 열이 난다든지, 월경 주기가 불규칙해지는 등의 미묘한 변화를 경험하게 된다. 이는 그녀의 몸이 폐경기를 준비하고 있다는 일종의 신호이며 이를 가리켜 전폐경기라고 한다. 여성은 마지막 월경이 있기 대략 5년 전부터 주변 폐경기를 경험한다고 한다. 시간이 흐를수록 증세는 점차 심해지고 주기적으로 변한다.

많은 여성들이 이 시기에 혼란스러워하지만 여전히 규칙적으로 월경을 하기 때문에 정작 그것이 폐경기임을 생각하지 못한다. 게다가 대부분 의사들은 폐경기를 겪기에는 그녀가 '너무 젊다'면서 그녀의 건강 문제는 호르몬의 변화와 상관없다고 강조한다.

조기 폐경기는 흡연 여성이나 자궁절제술을 받은 적이 있는 여성에게 발생할 확률이 더 높다. 비록 난소가 남아 있다 할지라도 자궁절제술은 자궁의 혈액 공급에 좋지 않은 영향을 주며 조기 폐경기의 원인이 된다. 중요한 사실은 자궁절제술을 시술한 적이 있는 여성은 폐경기가 찾아올 확률이 대단히 높으며, 검사를 받아 호르몬 수치를 확인해야 한다는 점이다. 여성들은 일단 폐경이 되면 더 이상 자신의 건강에 대해 걱정할 필요가 없다고 생각하는 경향이 있다. "나는 이미 폐경기를 지났거든요. 나는 더 이상 치료받을 필요가 없어요. 이제 병원에 갈 필요도 없어요." 사실 월경이 멈추었어도 골다공증, 심장병, 알츠하이머병, 당뇨를 비롯한 여러 다른

병이 심각한 문제를 일으킬 수 있다.

폐경기 징후

폐경기의 가장 두드러진 증상은 불규칙한 월경이다. 72퍼센트의 여성들 대부분은 점차 월경의 양이 줄어들고 마침내 멈추는 것을 깨닫는다. 일부 여성들은 몹시 불규칙하게 월경을 하거나 갑자기 양이 많아져서 고생한다. 한편 운 좋은 어떤 여성들은 쉽게, 그리고 갑자기 월경이 멈춘다. 두 번째로 흔한 증상은 체온과 관련이 있는데 여기에는 일과성열감(一過性熱感), 일과성한감(寒感), 야간 발한(發汗) 등이 있다. 이런 변화는 수 주 또는 운이 없는 이들에게는 수년 동안 지속되며 가벼운 불쾌감으로부터 심각한 괴로움에 이르기까지 증세가 다양하다. 야간 발한과 일과성열감은 종종 수면 패턴을 방해하여 불면증을 일으킬 수도 있다.

대부분이 성적인 기능에 변화가 온다고 하는데, 에스트로겐이 감소함으로써 성적 욕구를 감소되고 질에서 생성되는 윤활제가 줄어들기 때문에 섹스 도중에 질에 고통을 느낄 수도 있다. 성교통(性交痛)과 요실금은 의사가 처방한 천연 혹은 합성 에스트로겐, 프로게스테론, 테스토스테론 크림을 발라서 고칠 수 있다. 호르몬제가 혈류를 타고 전신으로 퍼지는 경우는 거의 없다. 불편감의 원인이 되는 부위의 주변 조직을 튼튼히 함으로써 국소적으로 작용하는 것이다. 이것으로 배뇨 조절 부위의 혈액 공급을 좋게 하여 수술하지 않고도 회복될 수 있다. 피부나 모발이 건조해지는 증상도 자주 발생한다.

일부 여성들에게 있어서 불안, 침체, 감정 변화는 호르몬 변화에 있어 최악의 증상이다. 절망, 분노, 불만은 여성의 삶을 비참하게 만들고, 때로는 그녀의 가족들에게도 고통을 준다. 기억력과 사고력이 저하되며 단어를 잊는 등 알츠하이머병에 대한 가능성을 일으키기도 한다. 관절과 골격의 통증도 흔히 나타나는 증상이다.

폐경기 이후의 위험 요인

폐경기의 징후나 증세가 성가신 것이며 여성의 삶의 질에 영향을 미치기는 하지만 실제적인 위험은 훨씬 더 심각하다. 증상은 여성이 미칠 만큼 귀찮은 것일 수도 있으나, 사실 이것은 사망의 위험인자이다. 심장혈관질환, 알츠하이머병, 골다공증, 당뇨병, 그리고 대장암은 모두 폐경기가 끝난 후 발병할 확률이 매우 높다. 이런 위험에 대해 조치를 취하기 위해서는 종합검진을 받아서 병력을 조사해 보아야 한다. 발생 가능한 위험을 알아서 필요한 치료를 하는 것이 중요하다.

대다수의 여성들이 폐경기가 오면 그들 생활에 변화가 올 것임을 잘 알고 있지만, 그들 중 자신이 겪게 될 건강상의 문제에 대해서는 실제적으로 대비하는 사람은 드물다. 최근 한 여론 조사는 69퍼센트의 여성이 암으로 죽는 것에 대해 두려움을 느끼고 특히 49퍼센트는 유방암을 두려워하고 있다는 결과를 보여 주었다. 그러나 실상 여성에게 가장 위험한 것은 심장병이다. 대략 45만 명의 여성이 매년 심장병으로 사망하는 반면, 유방암으로 죽는 여성은 4만 2천 명이다. 사실 부인과의 암은 심장혈관계 질병에 비해 사망률이 낮다. 폐경기 이후의 여성들은 심장병의 위험에 노출되기가 쉬운데 이는 폐경기 이후에는 심장의 기능을 보호하는 에스트로겐이 더 이상 생성되지 않기 때문이다.

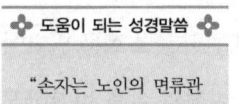

✣ 도움이 되는 성경말씀 ✣

"손자는 노인의 면류관이요 아비는 자식의 영화니라"(잠 17:6)

건강을 보호하고 유지하기 위해 현명한 결정을 내리는 데는 반드시 좋은 정보가 필요하다. 여성에게 어떤 정보가 실제적으로 필요한지를 기억하기 위해서 'FABLL'이라는 단어를 소개하겠다.

FA는 가족 병력(family history)을 나타낸다. 부모가 심장병력을 가지고 있었는지를 아는 것은 특히 중요하다. 어머니가 64세가 되기 전에, 아버지가 55세가 되기 전에 심장병을 앓은 적이 있는지는 더욱 중요하다. 내 남편 메이오 박사가 심장병에 걸렸을 때 그는 자신이 왜 이 병에 걸렸는지 당황스러워했다. "나는 타고난 건강체질이잖아. 나는 배가 나오지도 않았고, 운동도 열심히 했어. 나는 늘 영양보조제를 섭취했고, 음식도 골고루 먹었다고. 하지만 내가 간과한 사실이 한 가지 있었는데 그건 바로 내 유전자의 문제야. 아버지는 63세에 심장병이셨지."

골다공증에 대한 유전적인 요인을 고려하는 것도 이에 못지않게 중요하다. 가족 중에 골다공증이라는 진단을 받은 사람이 없다 할지라도 이 병을 어렴풋이 알 수 있다. 할머니의 등이 굽었다든지, 가족 중의 한 사람이 뼈가 자주 부러졌다든지 하는 것은 골다공증 병력이 가족 안에 있다는 단서이다. 만일 자신이 동양인이면서 피부가 하얀 편이거나, 섭식장애를 겪은 적이 있거나 천식을 앓는 사람들이 먹는 스테로이드제를 사용하고 있다면 위험이 훨씬 크다. 또한 가족 중에 알츠하이머병, 당뇨병, 대장암을 앓은 적이 있는지도 문제가 된다. 이 모든 것을 살펴본 후에는 자신의 진료기록을 떠올려보라. 이제까지 살면서 자신이 어떤 병을 앓았었는지, 혹시 일종의 중독증세는 없었는지 등을 살펴보아야 한다.

FABLL의 B는 유방암(breast cancer) 병력을 가리킨다. 어머니 혹은 언니나 여동생이 유방암에, 그것도 젊은 나이에 걸린 적이 있다면, 당신은 건강을 돌보고 영양을 섭취하는 데 특별히 신경을 써야 한다. 그러나 많은 경우에 유방암이 유전과는 상관없이 발병한다는 사실도 기억해야 한다.

두 개의 L자 중 앞의 L은 생활습관(lifestyle)을 말한다. 때로 이것은 자신의 건강을 전체적으로 살펴보는 데 있어서 가장 어려운 요소일 것이다. 여성들은 자신이 체중을 제대로 관리하지 못했으며 열심히 운동하지 않았다는 사실을 인정하기 싫어한다. 또한 스트레스와 싸워서 진 경험이 있을 것이다. 당신은 자신이 건강에 대해 얼마나 무관심했는지 정직하게 인정할 수 있는가?

두 번째 L자는 우리가 지금 어떤 위험에 처해 있는지를 정확히 알아내기 위해 반드시 받아야 하는 건강검진(laboratory test)을 가리킨다. 그러면 우리는 지금 앓고 있는 여러 질병뿐만 아니라 앞으로 만성적인 질병으로 인해 처할 위험에 대해서도 정확하게 알 수 있을 것이다.

건강에 있어서 의사를 당신의 파트너로 인정하는 것이 무엇보다도 중요하다. 의사는 우리를 권유하며 우리의 가장 기본적인 건강을 위한 청사진을 제시하는 데 필요한 검진 결과를 설명해 준다. 건강검진을 받고 개인의 병력과 가족의 병력을 조사함으로써 자신의 건강상태를 정확히 반영한 개인 의학 프로필을 갖게 될 수 있으며, 이는 어떤 의학적 조치가 필요한지를 보여 주고, 남은 삼분의 일의 생애를 활기차게 보내기 위한 방향을 지시해 줄 것이다. 또한 폐경기에 더 건강해진다면 병원에 자주 갈 필요가 없어지고, 필요한 최소한의 병원치료만 받으면 된다.

건강한 노화를 위한 삼각형

전반적인 건강상태를 향상시키면서 폐경기 증세를 위해 취해야 할 조치를 이해하고 폐경기와 관련된 위험을 감소시킬 수 있는 쉬운 방법이 있다. 머릿속에 삼각형을 그려 보라. 삼각형의 바닥부터 꼭대기에 이르기까지 자신이 받아야 할 병원 치료가 있다고 상상해 보자. 삼각형의 꼭대기는 가장 독한 약물치료를 받는 것이다.

꼭대기가 아니라 바닥부터 시작하라
제대로 늙기 위한 삼각형의 기본, 또는 건강한 생활양식은 개인적으로 안정감뿐만 아니라 최적의 건강을 위한 토대를 제공해 준다. 우리는 이런 기본 토대 위에 꼭 필요한 병원치료를 첨가할 수 있다.

건강한 토대는 좋은 영양섭취로부터 시작한다. 음식은 우리가 섭취할 수 있는 가장 좋은 약이다. 다양한 음식을 섭취하되 가능하면 유기농식품을 먹도록 하라. 신선한 야채, 과일은 물론이고 콩이나 생선과 같은 양질의 단백질을 섭취해야 한다. 콩은 면역력을 향상시켜 주고, 일과성열감에 효능이 있으며 심장에도 좋다. 심장병과 관절염을 막아주는 생선(특히 연어가 좋다)을 일주일에 한두 번 먹는 것이 얼마나 좋은지를 아는 사람은 식단에 생선요리를 빠뜨리지 않을 것이다. 흰쌀밥보다는 현미밥이 좋고, 흰 식빵보다는 호밀 빵이 좋다.

하루에 적어도 삼십 분은 운동을 해야 한다. 한꺼번에 하는 것이 힘들면 3분씩 열 번, 혹은 10분씩 세 번 해도 된다. 운동을 하면 일과성열감과 스트레스가 사라지며 체중도 준다. 운동은 심장을 보호해 주며, 관절을 건강하게 하고, 뼈도 튼튼해진다. 그리고 운동은 심지어 유방암을 감소시키는 원인이 되기도 한다.

정기적으로 병원에 가서 콜레스테롤, 갑상샘 기능, 호모시스테인과 다른 혈액 검사를 해야 한다. 40세에서 50세 사이의 여성은 2년에 한 번씩 유방 엑스선 촬영을 해야 하며, 연속 세 번의 촬영 결과가 정상이었을 경우에는 50세 이후 일 년에 한 번씩 촬영해야 한다. 만일 자신이 유방암 병력을 가지고 있다면, 이보다 훨씬 더 빨리 유방 엑스선 촬영을 해야 한다. 폐경기에 도달할 때까지 매년 자궁세포진 검사를 받아야 하며 이후에는 이삼 년에 한 번씩 이 검사를 받아야 한다. 자궁세포진 검사는 자궁경부암에 대비하기 위한 것이지 난소암이나 자궁체부암을 위한 것은 아니라는 사실을 기억해야 한다. 난소암이나 자궁체부암을 찾기 위해서는 골반내진을 받아야 한다.

또한 스트레스 해소를 위한 새로운 방법을 배워야 한다. 스트레스를 감소시키고 관절을 유연하게 만드는 요가를 배워 보라. 그리고 건강한 관계를 유지하며, 균형 잡힌 영적인 생활을 위해 노력하라. 자신의 창조적인 영역을 계발하고 오랫동안 잊고 있었던 꿈을 기억해 목표로 삼으라. 산책이나 소풍을 통해 자연을 느끼고 집 안에서도 자연을 느낄 수 있도록 화초를 가꾸라.

건강한 삶을 영위하기 위한 이런 기본적인 요소의 중요성은 그것들이 우리의 건강에 지대한 영향을 끼치기 때문만이 아니라 우리가 그것을 관리할 수 있다는 데 있다. 또한 이런 삶에는 부작용이 전혀 없다는 사실도 중요하다.

이런 생활방식을 영위하다 보면 어느새 자신이 한 개체로서 자신을 위한 최상의 건강에 도달해 있음을 알게 된다. 하지만 이렇게 산다고 해서 질병으로부터 완전히 자유로워진다는 것은 아니다. 장수하는 많은 사람들은 자신들만의 독특한 건강 유지법을 개발했다. 특정한 유전적 요인, 환경적인 유해물질 노출, 노화로 인한 몸의 쇠약은 '일반적인 건강유지'가 모든 문제의 해결이 아님을 보여 준다.

예를 들면 많은 여성들은 자신이 체중 과다라고 생각하고 알고 있다. 만일 당신이 과체중이라면, 체중을 줄이기 위해 노력하라. 음식을 골고루 섭취하되 자신에게 필요한 몫이 어느 정도인지를 살피라. 끼니때마다 칼로리를 계산하거나 체중을 재면서 괴로워할 필요는 없다. 음식점에서 나오는 음식은 한 사람이 한 끼 식사로 먹기에는 너무 양이 많다. 음식을 시켜서 친구와 나눠 먹든지 남은 음식을 집으로 가져와서 다음날 점심식사로 먹는 것도 좋은 방법이다. 절대 다 먹으려고 하지 말아야 한다!

다음과 같은 방법을 기억해서 영양소를 균형 있게 섭취하도록 하라. 첫째, 전체 식사에서 삼분의 일은 반드시 단백질을 섭취하고, 나머지 삼분의 일은 현미밥이나 호밀 빵, 그리고 마지막 삼분의 일은 여러 종류의 야채를 섭취하는 것이다. 기쁜 소식은 소스나 버터를 듬뿍 바르지만 않는다면 야채는 얼마든지 더 먹어도 좋다는 사실이다! 디저트를 좋아한다면, 전체 식사에서 디저트의 영양소 균형에 대해 미리 생각해야 한다. 과일도 대환영이다. 그러나 기름지고 달콤한 디저트는 적은 양만 먹도록 한다.

매일 우리가 마시는 커피를 녹차나 홍차로 바꾸는 것도 좋은 생각이다. 차에는 놀라울 정도의 치유력이 있으며, 면역력을 증가시키고 심장병이나 뇌졸중의 위험을 감소시켜 주며 스트레스를 줄여준다. 특히 우리가 매일 차를 마시는 시간을 따로 떼어 둔다면 이런 효과는 더욱 커질 것이다.

영양보조제도 기억해야 한다. 2002년에 한 의학협회지의 발표에 따르면 모든 미국인들은 매일 복합비타민제를 먹어야 한다. 여기에 대한 논쟁은 이미 막을 내렸다. 비타민제를 섭취하라! 가장 중요한 원칙은, 투자한 만큼 효과를 볼 것이라는 것이다. 특히 여성들은 자신이 먹는 복합비타민제가 스트레스 해소에 효과가 있는 비타민 B를 다량 포함하고 있다는 사실을 알아야 한다. 비타민 B의 한 종류인 폴산은 혈관에 염증을 일으키고 심장병의 원인이 되는 호모시스테인의 수치를 낮추어 주기 때문에 중요하다. 만약 주변폐경기 증상 때문에 피임약을 복용하고 있다면, 반드시 비타민제를 같이 복용해야 한다. 피임약은 비타민을 파괴하기 때문이다. 비타민 E는 일부 여성들에게는 일과성열감을 감소시키는 효과를 보이며 심장과 기억력을 보호해 준다. 만약 자신이 복용하는 비타민 E가 셀레늄을 포함하고 있다면, 이는 대장암을 40 내지는 50 퍼센트 감소시킬 확률을 가지고 있다. 필수지방산은 중년에게 있어 중요하다. 우리의 몸은 자체적으로 필수지방산을 생산하지 못하므로 호두나 고등어, 연어 등의 심해어를 섭취하여 이것을 보충해야 필수지방산은 말 그대로 우리 몸과 두뇌를 기름칠이 잘된 기계처럼 만들어 준다. 필수지방산은 호르몬 균형에 있어 꼭 필요한 물질이며 심장병과 뇌졸중을 감소시켜 준다고 알려져 있고, 관절염을 완화시키거나 방지하는 것을 돕고, 피부가 건조해지는 것, 특

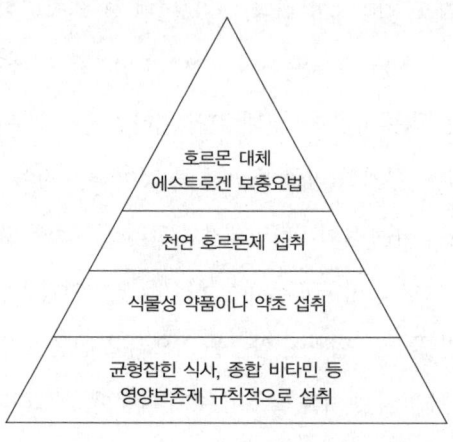

건강한 노화를 위한 피라미드

히, 여성의 질이 건조해지는 것을 막아 준다. 무엇보다도 필수포화산의 가장 중요한 기능은 호르몬 기능을 향상시켜 주는 것이다.

체중에 대한 염려 때문에 많은 여성들은 칼슘이 풍부한 유제품을 피하고 그 때문에 칼슘 부족에 시달린다. 관절염을 예방하기 위한 가장 좋은 방법은 양질의 칼슘을 한 번에 500밀리그램씩 나누어 칼슘이나 복합비타민제에 함유되어 있는 비타민 D나 마그네슘을 곁들여 하루에 1,200밀리그램을 섭취하는 것이다. 폐경이 된 후 첫 5년 동안 여성의 골격이 1년에 3내지 5퍼센트의 비율로 무너진다. 적당량의 칼슘을 보충하지 않거나 운동을 하지 않으면 25퍼센트까지 뼈를 잃게 될 수도 있다. 칼슘은 또한 '월경 전 증후군'(PMS: premenstrual syndrome)의 정신적·육체적인 증상에 있어서 대단히 중요한다. 칼슘은 고혈압을 감소시키고 심장을 보호한다.

중년의 여성이 생선을 정기적으로 섭취하지 않고 있다면, 매일 복합비타민제, 칼슘, 비타민 E 내지는 EFA와 같은 영양보조제를 서너 개 정도 복용해야 한다. 이것이 삼각형의 가장 밑바닥에 있는 사항이다.

삼각형의 위로 올라가기

폐경기의 증상과 건강한 생활양식에 근거한 습관에 의해서는 발생하지 않을 여러 건강에 관련된 문제들에 있어서 다른 매개물이 필요할 수도 있다. 부작용이 발생할 확률이 적은 것들부터 시작하는 것이 현명하다. 식물성 약품과 건강에 도움이 되는 비타민제들이 여기에 해당된다. 가장 흔한 부작용은 발진이나 가벼운 구토 혹은 두통이다. 이 중에서 생명이 위험할 만한 것은 없으며, 증상을 유발하는 원인 물질을 섭취하지 않으면 이내 사라진다.

언제나 '자연성 약품'과 오래된 회사의 믿을 만한 비타민을 구입하도록 하고, 의약 기준에 맞는 약품을 고집해야 한다. 이런 보조제를 섭취할 때 발생하는 증상들은 처방전에 적혀 있는 심각한 부작용과는 매우 다른 가벼운 것들이다. 최근 미국 의학협회지

*JAMA*의 한 기사에서는 일 년에 약물로 인한 문제로 병원에서 사망하는 사람의 수가 십만에 이른다고 보고하고 있다. 애드빌이나 이부프로펜과 같은 비스테로이드성 진통소염제는 갑작스러운 위장출혈의 결과로 발생한 매년 16,000건에 이르는 사망사고의 원인이 된다.

  식물성 보조제나 영양제와 더불어 침술, 지압, 마사지와 같은 다른 종류의 보조적인 의학치료도 여러 문제를 진정시키는 데 도움이 된다. 자연성 물질인 글루코사민은 콘드로이친과 병행해서 복용하면 관절통을 완화시키고 관절염의 진행을 실제로 더디게 한다. 여성들은 좋은 생활습관과 결합된 자연성 물질이 폐경기 여성에게서 나타날 수 있는 일과성열감, 우울증, 불면증, 짜증 등을 완화시킬 수 있다는 사실을 알게 된다.

  아래에 소개되는 물질들은 섭취를 한번쯤 고려해 볼 만한 탁월한 식물성 물질들이다.

  승마(black cohosh)는 독일에서 일과성열감을 치료하기 위한 처방전에 꼭 등장하는 식물이다. 독일에서 승마 재배는 엄격히 통제되고 있으며 생산 기준도 엄격하고, 생산된 승마는 철저하게 조사한다. 승마를 구입할 경우, 유명 회사의 제품을 선택하는 것이 가장 좋다. 일과성열감을 최대한 감소시키는 것 외에도 승마는 질의 건조함을 치료하고 우울증을 치료하는 데도 효과가 있다는 조사결과가 있다. 승마는 발정성 물질이 아니다.

채스트리 베리(chastree berry)는 호르몬 균형에 영향을 미치고 월경 전 증후군(PMS)을 완화시키는 데 도움을 준다. 채스트리 베리는 배란을 통제하는 여포자극호르몬(FSH)의 균형을 잡아 준다.

쥐오줌풀은 수면을 촉진시키는 데 사용될 수 있으며, 카바카바(kava kava)는 적당량을 섭취하면 불안이나 공황 상태를 진정시키는 데 효과가 있다.

건강식품점에서 이런 종류의 약초에 당귀나 인삼을 첨가한 폐경기 질환 처방전을 구할 수 있다. 이런 제품은 신뢰할 만한 제조사의 제품이라면 상당히 효과적이다.

아주 오랜 역사를 가지고 있는 이런 약초들 중 은행잎은 약 2천 년 전부터 기억력을 좋게 하는 데 효과가 있다고 알려져 있다. 또한 이것은 뇌와 심장에서 항산화제로 작용한다. 대부분의 사람들은 문제없이 복용할 수 있지만, 은행잎은 항응고제이기 때문에 혈액 응고를 방해하는 다른 약들과의 상호작용을 고려하여 처방해야 한다. 비타민 E나 마늘, 몇 가지 처방약물은 이와 동일한 항응고성을 가지고 있으며 만약 외과수술을 받을 계획을 가지고 있다면 이런 것들을 먹어서는 안 된다. 은행잎은 혈액순환을 돕기 때문에 손발이 차가운 사람들에게도 도움이 된다. 또한 은행잎은 우울증을 치료하기 위해 프로작(Prozac)이나 졸로프트(Zoloft)를 복용하고

> **도움이 되는 성경말씀**
>
> "여호와 나의 하나님이여 주의 행하신 기적이 많고 우리를 향하신 주의 생각도 많도소이다 내가 들어 말하고자 하나 주의 앞에 베풀 수도 없고 그 수를 셀 수도 없나이다"(시 40:5).

있는 사람들이 성욕을 회복시키고자 할 때도 효과가 있다. 요한초(St. John's wort)는 경미한 우울증을 완화하는 데 도움을 주지만, 심한 우울증에는 효과가 없다. 약간의 부작용이 있으며 다른 약물과 마찬가지로 다른 약물과 강한 상호작용을 일으킬 수도 있다.

산사나무 잎이나 칠엽수는 혈액순환과 콜레스테롤 균형을 향상시켜 주며 혈관을 튼튼하게 한다. 그것들은 다리의 정맥류를 방지하는 데 도움을 주기도 한다. 의사들은 항염증성을 높이고 심장병을 방지하기 위해 어린이용 아스피린을 매일 복용할 것을 권한다.

이부프로펜과 타이레놀과 같은 비스테로이드성 진통소염제(NSAID)는 알코올과 섞일 때에 특히 심각한 부작용이 있으므로 유향나무, 심황, 생강이나 고춧가루와 같은 자연성분 물질로 통증을 완화하는 것이 현명하다. 이런 자연성분의 진통제들은 건강식품점에서도 구할 수 있다.

자신이 복용하는 약 목록을 모두 적어서 담당의사에게 보여 주는 것은 아주 좋은 방법이다. 약물 간의 상호작용이나 혼합 처방시 용량 조절에 관한 정보는 인터넷에서 찾아볼 수 있다. 많은 처방약물들은 체내의 영향 균형을 변화시킬 수 있기 때문에 적절한 보충이 필요하다.

한 단계 위로

만일 폐경기 징후가 심각하다면 '천연' 호르몬의 도움을 받을 수 있다. 치료용으로 실험실에서 합성된 호르몬에 비해 '천연' 호르몬들은 여성의 몸에서 만들어진 것과 비슷한 정도의 약한 약효를 가지고 있다. 왜냐하면 그것들은 여성의 체내에서 생성되는 호르몬과 비슷하기 때문이다. 천연 호르몬은 처방전 없이도 구할 수 있고 약국에서도 구입할 수 있다. 가장 유명한 천연 호르몬은 '천연 프로게스테론' 인데 이것은 흔히 피부에 바를 수 있는 크림 형태로 판매된다. 이 물질은 일과성열감을 가라앉혀 주며 유방압통에도 효과가 있지만, 일부 여성들은 오히려 유방압통을 느낄 수 있다. 합성 프로게스테론 호르몬제보다는 덜 하지만 천연 프로게스테론도 우울증이라는 강력한 부작용이 있다. 메이오 박사는 에스트로겐과 균형을 맞추기 위해 천연 프로게스테론을 사용하라고 추천한다. 특히 미국의 경우, 요즘에는 의사가 이것을 직접 처방할 수 있고 질도 보장된다.

하지만 천연 호르몬제들은 여전히 호르몬이며 건강한 생활양식과 식물성 처방이 효과가 있다면, 이것이 폐경기 증후군에 대한 첫 번째 대비책이 되어서는 안 된다.

꼭대기에 올라

우리 부부가 제시한 중재 삼각형의 꼭대기에는 호르몬 대체 요법을 위한 처방이 자리 잡고 있다. 2002년 여름에 열린 여성건강촉진연구회(The Women's Health Initiative Study)에서는 에스트로겐과 프로게스테론의 호르몬대체요법(HRT)을 사용하는 여성들에게 이를 중단할 것을 권유했다. 왜냐하면 이런 호르몬을 복용할 시 유방암이나 혈전이 발생할 수도 있으며, 심장에 좋지 않은 영향을 끼치기 때문이다(과거에 이런 복합 호르몬제가 심장에 좋다는 이유로 선호했는데 이는 잘못된 생각이다). 또한 심장병을 앓고 있는 사람들에게는 치명적일 수도 있다. 이 연구는 대신 여성들에게 에스트로겐 보충요법(ERT)을 시도할 것을 권장한다.

에스트로겐 보충요법은 뼈를 튼튼하게 하고 대장암을 예방하는 데 효과가 있다. 또한 이 요법이 알츠하이머병을 예방하는 데 효과가 있다는 연구 결과도 있다. 여성이 호르몬 요법을 시작하든 그렇지 않든 호르몬 요법을 시작하기 전에 여성 환자와 의사는 반드시 여성의 기초 건강과 가족의 병력을 자세히 확인한 후에 신중하게 결정하도록 해야 한다. 최근에 북미폐경기연구협회와 산부인과의사협회는 만일 호르몬제를 복용하기 시작했다면, 폐경기 문제와 골다공증이 가장 심할 때 (병력에 따라) 증상을 완화시키기 위해 반드시 단기간(3~5년) 복용해야 한다고 말한다. 성생활 문제나 성욕

감퇴를 해결하는 데 도움이 된다고 해서 요즘 인기 있는 테스토스테론 패치나 젤을 장기간 사용하는 것은 좋지 않다.

날이 갈수록 의사들은 전통적인 호르몬 대체요법을 처방하는 것을 꺼려하고, 선택적 에스트로겐 수용체 조절제(SERMS: Selective Estrogen Receptor Modulators)인 새로운 '맞춤 호르몬제'를 권유하고 있다. 이런 조절제는 뼈를 튼튼히 해 주고 때에 따라 증상을 완화시켜 주지만, 새로운 치료법이기 때문에 장기적인 효과에 대해서는 아직 정확히 알려진 바가 없다. 무엇보다 바람직한 생활습관 조절이 가장 중요한 기초의 시작이며, 마지막까지 조절되지 않는 증상이나 위험인자들에 대해서만 호르몬 사용을 고려해 보기 바란다. 삼각형의 위단계에 위치하고 있는 강력한 치료법일수록 합병증의 위험도 높다.

변화가 완전히 멈추면 무엇을 해야 할까

'건강'이라는 말을 들을 때 보통 신체의 건강만을 연상하고, 우리 인생을 감정적으로나 영적으로 이끌어가는 방식을 간과하기 쉽다. 노화의 가장 큰 특징 중 하나는 그것이 우리에게 무엇이 중요한지를 결정할 능력을 부여해 준다는 것이다. 다른 도전들과 달리 여성은 그녀의 인생전반에 걸쳐 이 문제를 대면해야 하며 노화를 막을 방법은 없다. 우리는 나이가 들어가는 것을 즐거워해야 한다. 나이가 든다는 것은 더 이상 아무 쓸모도 없다는 뜻이 절대 아니다. 성경은 의로운 자들은 "늙어도 결실하며 진액이 풍족하고 빛이 청청하여"(시 92:14)라고 말한다. 너무 멋진 말이 아닌가? 오랜 세월은 오히려 지혜와 지식과 이해를 더하므로 잘 익은 열매를 맺는다.

여성이 어떤 일에 집중하며 자신의 시간을 어떻게 사용할 것인가 하는 문제는 그녀의 인생이 얼마 남지 않았기 때문에 더욱 중요하다. 우리가 지금 어떻게 살아가고 있는지를 잘 살피고 좋은 부분을 취사선택하는 것은 이사야 선지자의 명령이기도 하다. "너희가 어찌하여 양식 아닌 것을 위하여 은을 달아 주며 배부르게 못할 것을 위하여 수고하느냐 나를 청종하라 그리하면 너희가 좋은 것을 먹을 것이며 너희 마음이 기름진 것으로 즐거움을 얻으리라"(사 55:2).

나이 든 여성에게 삶의 에너지가 얼마 남지 않았다는 사실은 좋은 소식이다. 왜냐하면 이제 그녀는 자신의 삶에서 우선순위를 결정해야 하기 때문이다. 이제까지 그녀는 자신의 삶을 통해 탄력과 힘을 보여 주었다. 이제는 방향을 바꾸기만 하면 된다.

어디서부터 시작해야 할까? 당신이라면 어디서 시작하겠는가? 우선 자신의 삶의 균형을 돌아보아야 한다. 더 이상 필요하지 않은 일들과 힘들게 하는 일들을 과감히 포기하자. 자존감과 기쁨, 개인적이고 영적인 성장을 저해하는 일들을 과감히 버리자. 건강을 상하게 하는 일들은 두말할 필요도 없다. 스스로에게 물어보라. "지금 나에게 의미 있는 일들은 과연 무엇인가?" 우선 삶의 방향을 남들의 욕구와 필요를 만족시키는 일이나 여성이 평생 해 온 지루한 일로부터 돌려 자신 안에서 무르익어 가는 욕망이나 관심으로 향하게 해야 한다. 일상의 삶으로부터 오는 무기력감은 이제 인생을 다시 돌아볼 때가 되었다는 신호이다. 변화하고자 하는 집중된 마음이 필요하다. 이제 앞에 남은 날이 별로 없다는 사실은 꼭 필요한 일을 해야 하고 꼭 바꿔야 할 것들을 바꾸어야 한다는 긴장감을 준다. 이 여정을 홀로 떠나야 한다는 것은 정말이지 '복음'이다. "너는 마음을 다하여 여호와를 의뢰하고 네 명철을 의지하지 말라 너는 범사에 그를 인정하라 그리하면 네 길을 지도하시리라"(잠 3:5, 6).

6 거식증과 폭식증

- 린다 S. 민틀
Linda S. Mintle

> 너희 몸은 너희가 하나님께로부터 받은바 너희 가운데 계신 성령의 전인 줄을 알지 못하느냐 너희는 너희의 것이 아니라 값으로 산 것이 되었으니 그런즉 너희 몸으로 하나님께 영광을 돌리라.
>
> _고린도전서 6장 19, 20절

부정적인 신체상(身體像)장애와 더불어 섭식장애로 인해 수백만 명의 사람들이 심각한 고통을 당하고 있으며 이들 중 대다수가 여성이다. 또한 수많은 여성과 남성은 자신의 체중에 대해 고민하며 감정적인 문제나 인간관계에 문제가 발생할 때면 먹는 것으로 문제를 해결하려고 한다. 당신은 이제껏 "나는 내 몸이 싫어", "지금보다 5킬로그램만 살이 빠지면 좋을 텐데", "날씬하면 얼마나 행복할까", "식욕을 억제할 수가 없어", "내일부터 다이어트를 시작해야지", "내가 제일 날씬해질 거야", "토하고 싶어"와 같은 말을 해 본 적이 있는가?

혹 우리 중에는 완벽해져야 한다거나 항상 남들에게 잘 보여야 한다는 생각에 시달리는 사람이 있을 수도 있다. 이런 사람에게 실수는 곧 실패를 의미하며 실패는 절대 용납될 수 없다. 만약 실패한다면 그는 자기혐오에 빠질 것이다.

또 우리 중에는 남들과 관계를 잘 맺지 못하는 사람이 있을지 모른다. 그는 건강하지 못한 사람이다. 남편에게 몹시 화가 났는데도 그 사실을 솔직하게 남편에게 털어놓지 못하는 사람이 있다. 왜냐하면 그는 남편이 자신을 떠날지도 모른다는 두려움에 휩싸여 있기 때문이다.

불행하게도 이런 감정들과 맞서기 위해 선택하는 방식은 먹는 것과 관계가 있다. 열심히 먹고 나서 토한다. 혹은 과도하게 많이 먹는다. 아니면 하루 종일 먹기만 하면서 몸이 불어나는 것을 지켜본다. 그러면서 인생이 비참하다고 한탄한다!

방금 언급한 이야기가 자신의 이야기처럼 들린다면 당신도 섭식장애의 위험에 처해 있다. 하지만 당신은 혼자가 아니다. 천만이 넘는 미국인들이 섭식장애를 가지고 있으며, 3천4백 명이 과체중이다. 음식으로 인해 고통 받는 사람들이 엄청나게 많다. 그러므로 이제 섭식장애와 음식 강박증에 대해 더 잘 알아보도록 하자.

> ✤ 도움이 되는 성경말씀 ✤
>
> "예수께서 가라사대 내가 곧 생명의 떡이니 내게 오는 자는 결코 주리지 아니할 터이요 나를 믿는 자는 영원히 목마르지 아니하리라"
> (요 6:35).

음식에도 중독 될 수 있다. 음식에 중독 되는 것은 쉽다. 왜냐하면 그것은 싸고, 쉽게 손에 넣을 수 있으며, 맛있고, 몸에 해를 주지 않으며, 감정적으로 포만감을 주기 때문이다. 다른 중독에서와 달리 음식은 금지된 물질이 아니다. 우리 일상의 일부인 먹는 것을 피하기는 어렵다. 또한 음식 중독은 알코올 중독이나 마약 중독과 달리 사람들의 눈을 두려워할 필요가 없다.

이것이 바로 교회 안에 음식 중독이 팽배한 이유 중의 하나일 것이다. 교회에서 행사를 할 때 식사는 기본이다. 사람과의 관계에서 오는 스트레스나 감정적인 고통을 잊기 위해 음식을 먹는 것이 뭐가 나쁘냐고 묻는 사람이 있을 것이다. 그러나 음식은 우상이 될 수 있으며 강박증의 원인이 될 수도 있다. 신앙의 유무와 상관없이 우리는 음식에 중독 될 수 있다.

어떻게 하면 일상의 식탐에서 자유로워질 수 있을까? 대답은 간단하다. 우선 음식에 관한 이런 문제점들을 야기하는 여러 요인을 살펴보아야 한다.

섭식장애란 무엇인가?

'섭식장애'라는 이름과 달리 이 장애는 단순히 음식 때문에 일어나는 장애가 아니다. 다이어트와 몸무게에 신경 쓰는 것이 섭식장애의 분명한 시작이기는 하지만 그 뒤에는 훨씬 많은 것들이 숨어 있다. 식사 습관이 엉망이고 몸무게에 대해 신경을 쓰고 있는 것이 문제의 전부라고 생각하겠지만, 사실 문제의 근원은 음식 그 자체가 아니다. 대부분의 섭식장애는 사춘기나 성인이 된 젊은이가 독립을 준비할 때 발생한다. 이런 시기는 스트레스가 증가한다. 그 이유는 다음과 같다.

- 신체의 변화
- 성적 관심의 증대

- 이성 교제 시작
- 자아 형성
- 독립심 형성

여기 섭식장애를 이해하는 데 도움을 주는 몇 가지가 있다.

- 섭식장애는 모든 연령의 남성과 여성에게 영향을 미치고 있으며, 이들의 대다수가 젊은 여성이다.
- 섭식장애는 사회계층, 인종, 민족을 포함한 모든 사람들에게 광범위한 영향을 끼친다.
- 섭식장애 때문에 사망할 수 있다.
- 일찍 치료하는 것이 가장 좋다.
- 여러 전문 분야가 협력할 때 가장 완벽하게 치료될 수 있다.

섭식장애라고 하면 보통 여성을 떠올리기 때문에 섭식장애를 가지고 있는 남성은 자신의 문제를 인식하거나 남들에게 도움을 요청하는 것이 어려울 수 있다. 그러나 섭식장애의 이면에 놓여 있는 문제는 남성이나 여성이나 똑같다. 다만 현상적으로 약간 다를 뿐이다. 남성에게 섭식장애가 있는 경우에 그는 또래집단에게 놀림을 받고 따돌림을 당하거나 남성적인 이상을 형성하는 데 어려움을 느낀다. 섭식장애로 고통 받는 남학생들은 운동을 싫어하는 경향이 있고 수동적이고 의존적이며 정체성이 흔들린다. 또한 가족 구성원들과의 관계 발달에 문제가 생긴다. 이런 것들은 결국 신체상에 대한 부정적인 감정을 갖게 한다.

섭식장애의 원인

대중매체는 여성과 남성이 자신의 신체를 인식하는 데 분명히 영향을 미친다. 미국인들은 글래머와 근육질이라는 신체상의 폭격을 당하고 있다. 어디에서나 우리는 조각 같은 몸매를 볼 수 있다. 그러나 생각해 보자. 모델들의 평균 신장이 174센티미터이고, 체중이 45킬로그램이며, 허리 사이즈는 24인치이다. 반면에 미국 여성 평균 신장은 162센티미터이고, 체중은 65킬로그램이며 허리 사이즈는 30인치이다. 비교하기 힘들 정도의 차이다.

아름답고 날씬하게 보이고자 하는 것이 오늘날 전 세계 사람들이 시달리고 있는 강박관념이지만 명백하게 음식과 체중 강박증은 이런 목표 이상의 것을 포함하고 있다. 다시 말하자면 우리

> ❖ 도움이 되는 성경말씀 ❖
>
> "나의 하나님이 그리스도 예수 안에서 영광 가운데 그 풍성한 대로 너희 모든 쓸 것을 채우시리라"(빌 4:19).

는 모두 섭식장애에 시달리고 있다는 뜻이다! 게다가 대중매체의 부정적인 영향도 간과되어서는 안 된다. 이제는 아홉 살 난 어린이가 다이어트를 하고, 십대 소녀들이 성형수술을 하며, 컴퓨터로 수정을 한 가짜 글래머의 사진이 판을 친다. 또한 한 해 동안 수십억 달러가 다이어트 용품에 소비되고 있으며, 이런 지대한 노력과 투자에도 불구하고 3천 4백만 명의 미국인들이 여전히 과체중에 시달리고 있다.

대중매체가 우리의 신체상에 대한 생각과 감정에 영향을 끼친다는 사실을 우리가 알고 있으면서도 왜 약 천만 명의 사람들은 섭식장애를 일으키는 문제에서 벗어나지 못하고 있는 것일까?

대답은 간단하지가 않다. 섭식장애를 일으키는 요소는 한 가지가 아니다. 다양한 요소가 결합되어 있다. 연구조사와 임상실험을 통해 다음과 같은 요소들이 섭식장애에 원인을 제공하고 있다는 사실이 밝혀졌다.

- 다이어트
- 기분장애 병력이나 (특별히 폭식증에 대한) 가족 병력
- 가족의 잘못된 식습관
- 외모와 체중에 대한 가족의 지나친 관심
- 신체에 대한 불만과 날씬해지고 싶은 과도한 욕구

- 사춘기, 독립, 이성 교제와 같은 일상적인 발달상의 사건들
- 외모에 대한 계속되는 부정적인 언급
- 날씬한 것을 끊임없이 강조함
- 다이어트와 섭식장애에 대한 가족병력
- 자아상. 예를 들어 거식증은 꼼꼼한 성격이나 완벽주의자에게서 나타나는 경향을 보인다. 폭식증은 충동억제능력이 부족하거나 불안정한 감정에 시달리는 사람에게서 잘 나타난다.
- 가족 환경
- 유전상의 소인(素因)

섭식장애의 유형

지나치게 체중이 감소하거나(전체 체중의 15퍼센트 혹은 그 이상) 운동을 너무 과도하게 한다거나, 음식 섭취를 피하거나, 왜곡된 신체상을 가지고 있거나, 체중 증가를 두려워하며, 여성의 경우에 3개월 이상 월경이 없는 것 등이 거식증의 증상이다. 이로 인해 과민성과 우울증, 위장병, 두통, 감기, 저혈압과 저체온, 탈모, 저혈당, 빈혈, 집중력 감소 등이 초래될 수 있다.

폭식증은 지나친 과식 후의 제거행동이 그 특징이다. 제거행동

은 구토나 변비치료제, 이뇨제나 다이어트 약의 남용, 체중 조절에 대한 집착, 구토제나 관장제의 사용으로 몸속에 있는 음식물을 제거하려는 시도들로 나타난다. 폭식증 환자들은 3개월 동안 지속적으로 적어도 한 주에 두 번 이상 이런 행동을 한다. 이런 폭식과 제거의 순환으로 인해 심각한 질병이 발생할 수 있다. 체중의 급격한 변화, 위장병, 두통, 피부염, 전해질장애, 치아 손상, 잇몸병, 우울증, 심장병 등이 이에 해당된다.

강박적인 과식과 폭식은 보통 하루에 여러 차례 엄청난 양의 고칼로리 음식을 충동적이며 억제하지 못한 채로 섭취하는 것을 의미한다. 이런 경우 환자는 자신이 먹은 것에 대해 역겨운 감정을 느낄 때까지 음식을 섭취한다. 그는 아마도 주기적이거나 간헐적으로 다이어트나 단식을 할 것이며, 사회생활을 제대로 하지 못하며, 우울증 증세와 불안과 공포감에 빠져 있으며 학업이나 직장생활을 할 수 없으며 낮은 자존감에 시달린다. 이런 행동으로 인해 결국 체중이 증가하게 되므로 그는 비만과 관련된 질병을 몸속에 키우고 있는 셈이다.

> **✢ 도움이 되는 성경말씀 ✢**
>
> "여인이 어찌 그 젖 먹는 자식을 잊겠으며 자기 태에서 난 아들을 긍휼히 여기지 않겠느냐 그들은 혹시 잊을지라도 나는 너를 잊지 아니할 것이라 내가 너를 내 손바닥에 새겼고"
>
> (사 49:15, 16).

회복과 자유

이제 이런 장애의 징후와 합병증에 대한 기초적인 지식을 갖추었으므로 다음 단계로 어떻게 하면 이런 구속으로부터 회복되거나 치유되거나 자유를 누릴 수 있는지를 알아보도록 하자. 우리에게는 다른 이의 도움이 필요하다. 스스로 이 문제를 해결하려고 하는 것은 어렵다. 왜냐하면 식습관과 그 아래 놓여 있는 감정적인 문제, 인간관계의 문제를 연관지어 생각하는 법을 배워야 하기 때문이다.

예를 들면, 당신은 사회생활에서 문제가 생겼을 때 밥을 굶는가? 혹은 남편과 다툰 후에 폭식을 하는가? 남들에게 거절당했을 때 느끼는 비참함과 상처를 가슴에 묻어둔 채 먹는 것으로 마음을 달래려고 하지는 않는가?

이런 상황과 그로 인한 감정, 그리고 당신의 식습관 사이의 연관성을 찾아내는 것이 바로 자유를 향한 출발점이다. 결국 당신은 당신이 문제를 해결하고, 문제를 잊고, 마음을 달래기 위해 음식을 이용했다는 사실을 깨닫게 될 것이다.

진실을 부정하지 말라. 부정은 섭식장애로 고통 받는 사람들이 흔히 사용하는 심리적 기재이다. 어느 누구도 자신이 음식에 관해 통제력을 상실했다고 인정하고 싶어 하지 않는다. 이 사실을 인정하는 것은 연약함을 고백하는 것이다. (거식증의 경우에 있어서는 음식을 통제했다는 사실로 인해 자신이 위대하다고 느끼지만 말이다.) 섭식장애로 고통 받는 사람은 부정을 과감히 그만두어야 한다.

섭식장애로부터 자유로워지기 위해서는 우선 자신에게 문제가 있다는 사실을 인정하는 것이 필요하다. 이것은 자존심을 포기하고 당신의 문제 때문에 사람들이 당신을 미워하거나 따돌리지 않을 것이라는 사실을 신뢰해야 한다는 것을 말한다. 그렇다. 식사 후에 자신의 몸속에 음식이 가득 차 있다는 사실이 역겨워서 먹은 것을 토해 내는 것은 기분 나쁜 일이다. 그렇지만 이 비밀을 숨기면 우리는 나중에 더 큰 어려움을 겪게 될 것이다. 진실과 대면하고 감정적이고 영적인 고통을 인정하는 것이 가장 중요하다. 부정은 이웃과 하나님과 당신 사이에 담을 쌓는다. 좋아지기 위해서는 신뢰의 발걸음을 내딛어야 한다.

여기에 섭식장애를 극복하기 위해 생활에서 고려해야 할 몇 가지 사항이 있다.

- **자존심**: 보통의 경우, 당신은 하나님과 주변 사람들의 도움이 필요하다. 그리고 훈련된 정신건강치료사나 치료 팀이 이 일에 관여하는 것이 더욱 중요하다. 자존심을 버리고 도움을 요청하라.
- **통제력**: 섭식장애는 통제력에 대한 잘못된 이해로부터 비롯된다.

이미 자신을 통제할 수 없는 상태가 되어 버렸든지 아니면 음식 섭취에 대해 지나친 통제를 가하고 있든지, 이 모든 것은 당신이 건강한 식사 습관에 대한 통제력을 상실했다는 것을 보여 준다.

> ✤ 도움이 되는 성경말씀 ✤
>
> "슬프도소이다 주 여호와여 주께서 큰 능과 드신 팔로 천지를 지으셨사오니 주에게는 능치 못한 일이 없으시니이다"(렘 32:17).

• 기만: 영적으로 당신을 파괴시키고자 하는 적에게 속아서는 안 된다. 사탄은 당신의 인생을 파괴하기 위해 섭식장애를 도구로 사용할 수 있다. 영적인 가면을 벗어버리고 하나님께서 일하시도록 하라. 당신의 신체상은 왜곡되어 있으며, 그로 인해 당신은 당신이 치료될 때까지 거울에 비치는 자신의 모습을 신뢰할 수가 없다. 그렇기 때문에 이런 경우에 당신에게는 믿을 만한 치료사, 친구 혹은 가족의 도움이 절실한 것이다. 생각해 보라. 당신의 지금 모습 그대로를 좋아하지 않을 사람은 아무도 없다. 하나님과 당신 주변에 있는 사람들은 진심으로 당신이 행복해지기를 원하고 있다.

• 시간: 섭식장애의 굴레에서 벗어나기 위해서는 시간과 노력이 필요하다. 힘들거나 실수를 했을 때도 절대 포기해서는 안 된다. 치료가 이루어지는 과정을 견디겠다는 결심이 필요하다. 실수와 좌절 없이 성공적으로 치료를 마치는 사람은 없다. 좌절이 당신을 삼키지 않도록 노력하면 결국 반드시 성공할 것이다. 필요한 변화를

만들어내기 위해 자기 자신에게 시간을 투자하라.

자신에게 질문해 보라.

- 나를 도와주는 사람들을 신뢰하겠는가?
- 나의 행동에 대해 정직할 것인가?
- 나의 생각이 아무리 어리석고 일관되지 않아도 그것을 남들에게 말할 수 있는가?
- 내 삶에 일어나는 고통스러운 상처들을 똑바로 바라보겠는가?
- 사람과의 관계에 있어서 발생하는 문제와 내가 무가치한 존재라는 감정을 해결하고 싶은가?
- 나를 속이는 생각들, 즉 내가 뚱뚱하고 쓸모없으며 못생겼다는 생각들과 맞설 준비가 되었는가?
- 좋아지기 위해 때로 힘들지도 모른다는 사실을 인정하는가?
- 스스로의 힘으로 모든 문제를 해결하려는 것을 그만두겠는가?
- 실패를 견딜 수 있는가?

위의 질문에 대해 "그렇다"라고 대답했다면 여러 분야의 전문가들로 구성된 팀과 일할 수 있는 노련한 정신건강 전문가를 찾아보도록 하라. 정상적인 식습관을 갖도록 도울 것이며, 키와 신체구조에 적당한 체중을 알려줄 것이고, 그것과 관련된 인간관계의 문제에도 도움을 줄 수 있을 것이다.

치료받을 때 고려해야 할 사항들

섭식장애는 흔히 다른 문제들과 공존한다. 당신은 다음과 같은 사항에 대해서도 고려하고 평가해 보아야 한다. 섭식장애로 고생하는 사람이 동시에 우울증, 불안감, 강박적 행동과 사고를 경험하거나 성추행 경력을 가지고 있거나 약물중독에 시달리고 있는 것은 이상한 일이 아니다. 치료사는 섭식장애 증후뿐 아니라 이런 문제들을 해결하도록 당신을 도울 수 있다.

❖ 도움이 되는 성경말씀 ❖

"여호와는 나의 힘과 나의 방패시니 내 마음이 저를 의지하여 도움을 얻었도다"(시 28:7).

치료는 여러 사람들의 도움을 받는 것부터 입원하는 것에 이르기까지 다양하다. 섭식장애로 인해 사망하는 경우도 있으며 따라서 때로는 입원을 해야 할 필요가 있을 수도 있다. 언제 입원을 해야 하는지 어떻게 알 수 있을까? 여기에 몇 가지 지침이 있다.

• 심각하게 체중미달이거나 더 이상 체중이 늘 수 없는 상태

- 폭식과 제거행동을 반복적으로 하며 이를 억제할 수 없을 때
- 자살 충동으로 인해 우울증에 시달릴 때
- 정신분열을 겪을 때
- 외래 치료가 실패했을 경우

그렇다면, 어떤 변화가 필수적인가? 무엇보다 식습관을 바꾸어야 한다. 이는 너무도 명백한 사실이다. 게다가 이제 다이어트, 단식, 과도한 운동을 금해야 한다. 편식을 피하고 건강에 좋은 음식과 좋지 않은 음식의 목록을 만들어라. 식습관의 변화와 더불어 생각, 감정, 정체성, 성생활, 외모, 완벽주의, 안정, 영적 친밀감, 과거 상처의 치유, 가족과 이웃과의 관계 등에 있어서도 도움을 받아야 한다.

- **체중**: 체중은 일정한 것이 좋으며 자신의 키와 체격에 맞게 적당해야 한다. 체중을 줄이거나 늘리고 싶다면 다이어트 전문가의 도움을 받아야 한다. 보통의 경우 목표 체중(가장 안전하면서 낮은 체중)과 이상 체중(당신의 키와 체격을 고려했을 때 가능한 체중 범위)이 설정되어야 한다. 이런 체중과 목표를 향한 노력은 당신의 감정이나 기분과 상관없이 당신에게 있어서 매우 중요하다는 사실을 인식해야 한다.
- **사고의 전환**: 당신의 생각은 당신의 감정과 행동에 강력한 영향을

미친다. 신체상과 섭식장애의 문제를 가지고 있는 대부분의 사람들은 자신에 대해 매우 부정적인 생각을 가지고 있다. 예를 들어 당신은 '내 체중이 내 존재에 대해 말해 주고 있어요. 사람들에게 인정받기 위해 살을 빼야 해요. 사람들이 진정한 나에 대해 알면 나를 싫어할걸요.' 라고 생각하고 있을지도 모른다. 하나님의 말씀에 의하면 당신은 특별한 존재이며 그분은 당신을 아름답게 창조하셨다. 당신은 이 사실을 완전히 이해하고 믿어야 한다. 당신이 얼마나 소중한 존재인지에 대해 말해 주는 수많은 성경구절이 있다. 하나님께 자신의 능력과 재능을 깨닫게 해 달라고 기도하라. 그분이 어떤 분이신지를 알게 해 달라고, 그분의 약속이 결코 당신을 떠나거나 버리지 않는다는 사실을 깨닫게 해 달라고 하나님께 요청하라. 하나님께서는 그분의 성령을 통해 당신에게 힘을 부어 주기를 원하고 계신다. 그분은 당신이 기도와 말씀을 통해 매일 새로워지기를 원하고 계신다. 사탄의 거짓의 자리에 그분의 말씀을 채우기를 바라신다.

생각을 바꾸는 법을 배워야 한다. 섭식장애를 가지고 있는 사람들은 흑백논리를 내세우는 경우가 많다. 예를 들어 남편이 화를 내면 자신이 사랑받지 못한다고 느낀다. 하지만 '그는 나를 사랑하지 않아.' 라고 생각하기보다는 '그가 화를 냈다는 것이 나를 사랑하지 않는다는 말은 아니야. 아마 오늘 좋지 않은 일이 있었던 갓

아.'라고 생각하는 것이 좋다.
- **감정 조절**: 당신은 자신이 어떤 감정을 느끼는지를 확인하고 그러한 감정을 조절하도록 해야 한다. 섭식장애가 있는 사람들은 보통 극단적인 방식으로 반응을 하는데, 이는 너무 감정적이거나 혹은 전혀 감정을 드러내지 않거나 둘 중의 하나이다. 극단을 피하는 반응은 당신의 감정이 표면으로 드러나는 것을 도울 것이며 감정을 억압하지 않는다. 또한 이를 통해 당신은 감정을 조절하는 법을 배우고 감정이 당신을 뒤흔들지 않게 할 수 있다. 속상한 일이 있을 때 사람은 그러한 감정을 피하거나 외면하는 대신에 이런 감정과 싸우고 혹은 이런 감정을 견디는 법을 배워야 한다. 부정적인 감정을 드러내는 것은 건강한 행동이며 특히 자신이 손해를 보았을 때 감정을 표현할 줄 아는 것은 치료의 한 방편이다. 감정을 삼키는 대신 그것을 인식하고 표현하는 법을 배우라. 그리고 자신에게 문제를 해결하는 방식과 더불어 새롭고 단호한 방식으로 이런 부정적인 감정과 맞서는 법을 가르치라.
- **진정한 정체성**: 섭식장애는 잘못된 자아상을 만들어낸다. 식습관이 존재의 전부가 될 수 없으며 체중이 인생을 좌우할 수도 없다. 우선 하나님께서는 당신을 멋지게 창조하셨고, 그분의 형상대로 만드셨다는 자신의 정체성을 그리스도 안에서 분명하게 확립하라. 그리고 자신만의 독특한 재능을 찾아 그것을 사용하도록 하라.

진짜 자신을 대면하는 것은 두려운 일이지만 결국 편안함을 느끼게 될 것이다. 하나님께서 성령으로 당신을 하나님의 형상대로 빚으시도록 당신 존재를 그분께 맡기라. 그분께서는 아무런 조건 없이 당신을 사랑하시고 용납하신다.

- **성생활**: 자신의 성생활을 즐기라. 성은 하나님께서 창조하신 것이며 아름다운 것이다. 그렇지만 성적인 욕구를 적절하게 표현하는 법을 배워야 하며 욕구를 절제할 줄도 알아야 한다. 극단적인 것은 좋지 않다. 단식하거나 어린이 같은 몸매를 유지하면서 성욕을 완전히 부정하는 것이 그 예이다. 또 무절제하고 과도하게 성욕에 집착한다든지 하는 것도 극단적인 행동이다.
- **다른 사람을 기쁘게 하려고 함**: 자신의 가치를 확인하기 위해 다른 사람을 지배하려고 하지 말아야 한다. 다른 사람을 위해 무엇인가를 하고 희생하는 것을 통해 다른 사람이 당신을 더욱 사랑하게 만들려고 하는 것은 옳지 않다. 자신을 사랑하는 것과 남을 돌보는 것 사이에 적절한 균형을 이루는 법을 배우도록 한다. 우리가 진정으로 기쁘게 해야 할 대상은 하나님 한 분이시다. 삶에서 그분의 인도하심을 따르라.
- **완벽주의**: 완벽해지려고 하는 모든 수고를 중단하라. 이는 근심으로 가득 찬 쓸모없는 전쟁과도 같다. 오직 예수님만이 완벽한 분이시다. 하나님께서는 여전히 불완전한 사람들을 사랑하시고 용납

하신다. 하나님의 보호를 받는 삶에서는 완벽해지려는 시도가 쓸데없는 것이다. 하나님께서는 당신을 있는 모습 그대로 사랑해 주신다.

- **휴식**: 많은 여성과 십대 소녀들은 자신의 몸을 쉬게 하는 법을 모른다. 쉬는 법을 연습하고, 긴장과 휴식 상태 사이에 어떤 차이점이 있는지를 배우라. 음식에 집착하지 않고 몸을 쉬게 할수록 기분도 좋아질 것이다.
- **과거의 상처와 관계에서의 문제에 맞섬**: 당신에게 가족치료가 필요할 수도 있다. 섭식장애는 종종 사람과의 관계에서 오는 고통에서 발생한다. 사이가 좋지 않은 아버지, 늘 나무라고 잔소리하는 어머니, 성추행을 일삼는 삼촌, 알코올 중독자 아버지 등과의 관계로 인해 당신은 고통에 시달리고 있을 것이다. 그렇지만 당신은 이런 고통을 해결하기 위해 음식을 사용해서는 안 된다. 가족은 때로 삶의 여러 가지 고난을 맛보는 실험실이기 때문에 가족으로 인해 장애에 시달릴 수 있다. 이제 치료사가 당신에게 필요한 조치와 용서, 부정적인 가족 형태, 인간관계의 문제에 있어서 당신을 도울 수 있게 그의 도움을 청하도록 하자.

치료사의 도움을 받아 과거의 상처와 맞서야 한다. 폭식증과 성추행 사이에는 밀접한 연관성이 있다. 만약 데이트 중에 강간을 당했거나 성추행을 당했거나 혹은 근친상간의 피해자라면 그 사실을 털어놓아야 한다.

　부모님의 결혼생활이 불행할 경우 그 결혼생활을 고치려는 노력은 부모님의 몫이지 당신의 책임이 아니다. 아픈 척하는 것이 그들의 관심을 당신에게 잠시 머물게 할 수는 있어도 그것은 결코 문제를 해결할 수 없다. 부모들을 돕는 것은 결혼생활 치료사의 몫이며, 당신은 성장기에 받은 상처와 집에서 독립해 나올 당시에 겪었던 문제들을 해결하려고 애써야 한다. 만일 당신의 결혼생활 역시 불행하다면 당신은 결혼생활을 건강하게 만들기 위해 노력해야 한다. 섭식장애는 관계에서 빚어지는 외로움이나 공허함과 같은 실제적인 문제들의 도피처가 될 수도 있다. 남편은 당신의 병을 고치는 데 지속적으로 도움을 줄 수 있는 사람이고 당신은 이미 그를 선택했다. 그는 당신을 구해 줄 수도 있고 아니면 그냥 바라만 볼 수도 있다. 어쨌든 부부생활을 통해 당신은 이런 장애의 굴레로부터 자유로워질 수 있을 것이다.

　또한 가족 구조에 대해서도 말해야 한다. 보통 거식증은 외모나 체중을 과도하게 강조하는 가정에서 발생한다. 폭식증은 주로 안정되지 못한 가정에서 발생할 확률이 높다. 가정문제에 대해서 이야기할 때 중요한 점은 일반적인 수준의 기준을 발견하는 것이다.
　가족들 간에 주의해야 할 사항에는 다음과 같은 것들이 있다.

- 날씬한 것이 좋으며 뚱뚱한 것은 혐오스럽다고 강조하지 말라.
- 음식을 '좋은' 음식과 '나쁜' 음식으로 나누는 것을 피하라.
- 가정에서 각자의 인격을 존중해 주라.
- 외모에 대해 부정적인 언급은 하지 않는다.
- 신체와 아름다움에 대해 지나치게 강조하지 않는다.

여기에 당신이 음식을 섭취하는 방식을 더 잘 이해하도록 돕는 간단한 실례가 있다.

종이를 한 장 준비하고 아래와 같이 표를 만들고 윗줄에 굵은 글씨의 제목을 써 넣는다. 그리고 상황과 감정을 생각하고 폭식이나 거식을 할 때 자신이 머리에 떠올랐던 생각을 아래 표에서와 같이 빈 칸에 적어 넣는다. 여러 번 하다 보면 어떤 특정한 유형이 있다는 사실을 알게 될 것이다. 일단 유형을 발견하게 되면 이런 상황이나 감정 혹은 생각을 (음식에 집착하지 않고) 다르게 바꿀 수 있게 된다.

상 황	감 정	생 각	행 동
남편과 다툼	화가 남	'남편이 날 버릴 거야'	폭식

회복도 좋지만 우리의 궁극적인 목표는 완전한 자유이다. 자유로워지면 더 이상 음식이나 체중과 싸울 필요가 없다. 하나님께서

움직이시고 회복시키도록 하나님께 자신을 내어 맡기면 이런 장애에서 완전히 자유로워질 수 있다. 하나님께 불가능한 일은 없다. 치유를 위해 기도하라. 자존심을 버리고 지금까지 우리가 논의한 모든 문제에 대해 노력을 시작하라. 그러면 당신은 진정으로 자유로워질 수 있다.

> ✚ 도움이 되는 성경말씀 ✚
>
> "세상에서는 너희가 환난을 당하나 담대하라 내가 세상을 이기었노라 하시니라"(요 16:33).

 이 장의 중간중간에는 그리스도 안에서 자아정체성을 확립하는 데 도움을 주는 몇 가지 성경구절이 첨부되어 있다. 당신은 하나님의 자녀이며, 당신의 존재는 당신의 직업, 몸무게, 외모에 의해 좌우되지 않는다. 그리스도가 당신을 위해 죽으셨기 때문에 당신은 이제 하나님의 것이다.

7 성추행의 상처

- 다이안 랭버그
Diane Langberg

나의 영혼이 눌림을 인하여 녹사오니 주의 말씀대로 나를 세우소서. _시편 119편 28절

성경은 죄 중에서 사람이 저지를 수 없는 죄는 없다는 사실을 분명히 말하고 있으며(시 140:2), 그 중에는 성추행도 포함된다. 그럼에도 불구하고 놀랍게도 하나님께서는 여전히 구원의 하나님이시다. 그분께서는 성추행으로 인해 산산이 부서진 인생에게 찾아가셔서 그 인생을 그분의 이름에 영광을 돌릴 만큼 아름다운 인생으로 바꾸어 주실 수 있는 분이다.

성추행이란 무엇인가?

'성추행'이라는 용어는 광범위한 행동을 가리킨다. 주로 상대방의 동의 없이 이루어지는 모든 성적인 행동들, 이를 테면 언어적, 시각적 혹은 물리적 행위가 이에 해당된다. 아동성추행은 성인이 자신의 만족을 위해 성적으로 미성년자를 착취하는 것을 말한다. 아동은 발달상 성숙하지 못하며 성적 행동에 대한 이해가 부족하기 때문에 상대방에게 의사표시를 할 수 없다. 아동성추행은 미국 50개주에서 모두 범죄로 인정하고 있다.

흔히 발생하는 성추행에는 어떤 것들이 있는지 알아보자. 언어적 성추행에는 성적 위협, 아동의 신체를 성적으로 언급하는 것, 괴롭힘, 혹은 외설적인 말과 같은 것들이 있다. 시각적 성추행은

> **도움이 되는 성경말씀**
>
> "어미가 자식을 위로함같이 내가 너희를 위로할 것인즉 너희가 예루살렘에서 위로를 받으리니"(사 66:13).

포르노, 노출증, 관음증과 같은 것들을 포함한다. 물리적 성추행은 아동의 은밀한 신체부위를 애무하는 것, 오럴섹스, 성교, 혹은 모든 종류의 삽입을 가리킨다. 미성년자에 대한 성추행은 아동이 성인에 대해 보호나 사랑을 기대하는 관계에서 보통 발생한다. 대부분의 성추행은 교사, 목사와 같이 아동에게 권위를 행사할 수 있거나 접근이 쉬운 성인이나 부모, 삼촌, 사촌과 같은 친척에 의해 저질러진다.

미국의 아동성추행에 대한 신뢰할 만한 통계에 따르면 네 명의 여자아이 중 한 명, 여섯 명의 남자아이 중 한 명이 18세 이전에 성추행을 경험한 적이 있다. 이런 추행은 일회적인 사건일 수도 있고, 수년간 지속된 것일 수도 있다. 성추행이 시작되는 평균 연령은 6세에서 12세 사이이다. 연구에 의하면 6세 이전에 성추행을 경험하는 아동들도 적은 수지만 분명히 있다. 아동성추행에 대한 통계가 실제보다 적게 나오고 있다고 추측하지만 그 정확한 수는 알 수 없다.

매우 어린 아동들에게 행해지는 강하고도 반복적인 성추행의 기억은 그들의 내면에 갇혀서 오랜 시간 동안 잊혀지지 않을 것이다. 대부분의 성추행범은 대상의 성별에 관계없이 남성이며, 대부분의 가해자는 피해자보다 훨씬 나이가 많다.

성추행이 여성에게 미친 영향

성추행에 대한 희생자의 반응이 얼마나 심각한지는 여러 가지 요인에 따라 다르다. 실제로 모든 성추행 사건이 장기적인 영향을 미치는 것은 아니다. 비슷한 성추행 경험을 가진 두 명의 사람이 각기 다른 반응을 보이면서 살 수 있다. 우리는 모두 다르기 때문이다.
  성추행을 당한 사람이 받는 정신적인 상처의 정도는 다음의 여러 가지 요인에 의해 결정된다.

- 성추행이 자주 반복될수록
- 성추행범과 피해자의 관계가 가까울수록
- 성추행범과 피해자의 연령차가 클수록
- 성추행시 삽입이 있을 경우
- 가학적이거나 폭력적인 추행
- 만약 피해자가 수동적이거나 자발적인 반응을 보였다면, 그 피해자는 더욱 자신을 학대할 것이다.
- 만약 성추행이 처벌, 고발, 부정과 같이 다른 사람들에게 알려지

게 되면, 성추행의 영향은 더욱 악화될 것이다.

어린 시절에 성추행을 당한 적이 있는 성인과 이야기를 나눌 때는 그 사건이 그의 어린 시절에 발생했기 때문에 그 사건은 어린 시절의 기억 속에 보존되어 있다는 사실을 명심해야 한다. 따라서 어린이의 특징에 대해 미리 알아두는 것이 유용하다.

- 어린이의 지식은 그들이 짧은 기간을 살았기 때문에 제한적이다.
- 어린이는 상처를 입기 쉬우며, 의존적이고, 다른 이들의 영향을 쉽게 받는다.
- 어린이는 자기중심적으로 사고한다. 만약 아이를 길러 본 적이 있다면, 세상이 자신을 중심으로 돈다고 생각하는 어린이들의 습성을 잘 알 것이다. 예를 들면, 부모가 이혼할 경우 어린이는 자신들이 잘못했기 때문에 부모가 헤어졌다고 생각한다. "내가 말을 잘 들었더라면, 엄마와 아빠가 헤어지지 않으셨을 텐데." 이와 같이 성추행을 당했을 경우에도 어린이는 "내가 나쁜 아이라서 이런 일이 생긴 거야. 그 아저씨는 나 때문에 그런 나쁜 일을 하신거야."라고 생각한다.

또한 어린이들은 지식을 축적하는 과정 중에 있다. 어린이들은 관계가 어떻게 형성되는지를 배우며, 선과 악을 구분하며, 두 가지 사물 간의 차이점을 표현하는 방법을 인식하기 시작한다. 어린이들은 남성과 여성의 차이점과 자신이 인격적으로 가치 있는 존재로 여겨지는지에 대한 구분과 여러 다른 중요한 개념들을 이해하기 시작한다. 성추행의 상황에서 어린이들은 관계란 다른 사람을 이용하기 위한 것이라고 느끼며 선을 악으로, 악을 선으로 혼동한다. 약한 것 혹은 여성으로 태어난 것은 나쁘고 위험하며, 거짓말을 해야 하며, 자기 자신은 아무런 쓸모없는 존재라고 느낀다. 이때 깨달은 사고는 성인이 된 이후에도 쉽게 사라지지 않는다. 오히려 이런 교훈이 피해자의 신념으로 자리 잡게 된다. 우리 모두에게 있어서도 어린 시절에 배운 교훈들은 오늘까지도 우리 삶의 뼈대를 구성하고 있다.

> ✤ 도움이 되는 성경말씀 ✤
>
> "그러므로 우리가 긍휼하심을 받고 때를 따라 돕는 은혜를 얻기 위하여 은혜의 보좌 앞에 담대히 나아갈 것이니라"(히 4:16).

아동기의 가장 중요한 특징은 어린이는 이 시기에 자라며 발전한다는 점이다. 자라고 있는 모든 것들이 모양을 갖추는 시기이므로 어린이들에게 좋은 영양분을 공급해 주는 것이 매우 중요하다. 이때 섭취하는 것이 훗날 성인이 되었을 때 그들의 건강에 영향을 미치기 때문이다. 만일 어린이가 사랑, 진실, 지혜, 인내의 환경에서 큰다면, 그들에게는 좋은 성격이 형성되었을 것이다. 반대로 어린이를 공포와 악, 거짓과 고통의 환경에서 기르면, 그들이 성격을 형성하는 데 여전히 우리의 영향이 미치고 있지만 그 결과는 매우 다른 것이 된다. 식물과 나무의 가지를 치는 정원사들은 어리고 유연할 때 모양을 잡아 주는 것이 성숙하고, 단단하며, 잘못 형성된 이후에 모양을 잡아 주는 것보다 훨씬 쉽다고 한다. 성인보다는 어린이가 새로운 것을 더 잘 습득한다. 어린 시절에 발생한 지속적인 성추행의 영향은 그 사람의 일생에 지대한 영향력을 미치게 될 것이다.

아동성추행의 영향은 무엇인가? 이미 살펴보았듯이 이런 영향들은 증거가 아니라 지표(indicator)이다. 어떤 사람이 성추행의 모든 영향에 대해 세세하게 설명할 수 있다고 해도 그가 결코 성추행을 직접 경험한 것은 아니다. 한 가지 영향은 피해자가 자신의 육체에 대해 건전하지 않은 이미지를 갖게 된다는 것이다. 여러 성추행 피해자들은 자신의 몸을 미워하며 자신의 몸을 망가뜨리는 행동을 한다.

음식, 술, 섹스, 마약에 대한 중독은 흔한 것이다. 자살 충동을 느끼기도 하며 자해를 하는 사람도 있다. 섭식장애와 불면증도 일반적으로 나타나는 현상이다. 피해자의 정서적 생활도 망가져서 그는 분노, 공포, 좌절 혹은 깊은 슬픔 등의 감정과 싸워야 한다. 성추행은 피해자의 사고에도 손상을 입혀서 그의 머릿속은 거짓과 속임수로 가득하게 된다.

아동성추행은 배신, 거부, 모욕, 자포자기, 거짓 등의 감정을 불러일으키며 따라서 사람들과의 관계에 있어서 심각한 영향을 끼친다. 성인이 된 후에 그에게 있어서 신뢰라는 단어는 불가능한 단어이며, 그는 끊임없이 자신을 속여야 한다. 그리고 관계는 공포감에 의해 부식된다. 생각은 "나는 가치 없는 존재야", "하나님께서는 선하지 않으셔", "사랑 따위는 없어", "아무도 믿을 수 없어" 등 성추행으로 인한 거짓의 소리에 걸러진다.

성추행이 영혼에 미치는 영향

성추행이 영혼에 미치는 영향은 엄청나다. 뒤틀린 자아의 이미지와 함께 하나님에 대한 왜곡된 이미지는 하나님의 사랑과 은혜를 경험하는 데 수많은 장벽을 만든다. 하나님께서는 벌을 주시는 분이며, 변덕스럽고, 나의 고통에 무관심하며 심지어는 죽은 것처럼 보인다. 피해자는 두 개의 화해할 수 없는 것처럼 보이는 존재를 이해하려고 애쓴다. 그것은 바로 우리를 돌보시는 하나님이라는 분의 존재와 성추행이다. 그의 마음은 돌보시는 하나님은 용납할 수 있지만 성추행은 받아들일 수 없다. 반대로 그의 마음을 돌보시는 하나님께서는 존재하지 않는 듯하며, 오직 성추행의 고통만이 있을 뿐이다. 그렇다면 어떻게 해야 사랑의 하나님의 존재와 어린 시절 성추행의 기억이 화해할 수 있을까?

두말할 것도 없이 어린 시절 성추행의 감각은 성인이 된 피해자의 삶 전체에 스며들어 있다. 사람마다 성추행으로 인한 장기적인 결과가 다르겠지만 이런 영향들이 성추행의 강력한 결과의 일부라는 데에는 이견이 없다.

> ✤ 도움이 되는 성경말씀 ✤
>
> "네가 부를 때에는 나 여호와가 응답하겠고 네가 부르짖을 때에는 말하기를 내가 여기 있다 하리라 만일 네가 너희 중에서 멍에와 손가락질과 허망한 말을 제하여 버리고"
> (사 58:9).

이제 이런 성추행을 경험했고 이런 상황에서 하나님에 대해 배운 것을 이해하려고 노력했던 사람들의 실제 경험을 통해 아동성추행의 영적인 영향에 대해 좀 더 자세하게 살펴보도록 하자. 다시 한 번 성추행이 어린이의 몸 안에 있는 어린이의 정신과 어린이의 마음에 발생했다는 사실을 기억하자.

세라는 다섯 살이다. 세라의 부모님은 매주일 세라를 교회에 태워다 주셨다. 세라는 "예수 사랑하심은 거룩하신 말일세. 우리들은 약하나 예수 권세 많도다. 날 사랑하심, 날 사랑하심, 날 사랑하심 성경에 써 있네."라는 찬송을 배웠다. 세라의 아빠는 매주 세라의 몸을 더듬었다. 가끔은 이런 일을 피할 수 있었는데 그때는 아빠가 세라 대신 여덟 살 난 언니의 몸을 만졌기 때문이다. 세라가 교회에서 배운 찬송가에서는 예수님께서 그녀를 사랑하시며 권세가 많은 분이라고 했다. 그래서 세라는 예수님께 아빠가 자신을 괴롭히지 않게 해 달라고 기도했다. 그러나 달라진 것은 아무것도 없었다. 어쩌면 예수님은 생각만큼 강한 분이 아닐지도 모른다고, 아니 최소한 아빠만큼 강한 분은 아닌 것 같다고 세라는 생각했다. 어떤 사람도 심지어 예수님조차도 아빠를 이길 수는 없으며 성경을 쓰고 찬송가를 만든 사람들은 세라의 아빠에 대해서는 몰랐나 보다고 생각했다.

자기 자신과 하나님에 대한 세라의 믿음이 이런 일을 당하지 않은 그리스도인이 확실히 믿고 있는 진리와 어떻게 다른지를 알겠는가?

메리는 일곱 살이다. 메리의 가족은 모두 독실한 기독교인이며 메리는 늘 하나님에 대해 들으면서 자랐다. 그러나 메리네 가족이 믿는 하나님께서는 너무 많은 원칙을 갖고 계신다. 하나님께서는 부모님의 말씀에는 무조건 순종해야 한다고 말씀하신다. 메리는 부모님의 말씀을 지키려고 아주 열심히 노력했다.

왜냐하면 메리가 잘못을 저지르면 아빠는 메리를 심하게 때렸고, 아빠가 메리를 때리는 것은 하나님께서 아버지들에게 자녀를 다스리게 하기 위해 주신 권리라고 설명했다. 메리는 자기가 만일 하나님의 말씀을 거역하면, 하나님도 아빠처럼 자기를 아프게 때리실 거라고 믿었다. 그래서 메리는 착한 아이가 되려고 노력했다.

이 예는 하나님께 복종하지 않는 사람을 벌주고 혼내시는 하나님에 대한 믿음으로 인해 하나님이 두려운 존재가 된 경우다. 이와 같은 하나님에 대한 이미지에는 구원과 은혜라는 아름다운 선물이 빠져 있다.

가족들은 이 작은 소녀에게 아버지에 대해 무엇을 가르칠 수 있겠는가? 이런 아동들에게 아버지는 믿을 수 없고, 힘이 세며, 예측할 수 없는 존재이며, 보호라는 명목으로 자녀들을 고통스럽게 하는 존재이다. 아버지들은 배신하며, 버리며, 속이며, 학대한다. 어린 시절에 이런 사실을 깨달은 아이에게 누군가가 하나님이 너의 아버지라고 말해 준다면 그 아이는 어떤 기분일까?

그리고 성추행으로 인해 어린이는 하나님에 대해 무엇을 배우게 될까? 하나님께서는 잔인하며, 무능하고, 자기를 돌보지 않는 분이시다. 그리고 설사 그분께서 내 기도를 듣는다 해도 내 기도에 응답하지 않으신다. 그분에게 있어서 어린이가 소중한 존재일 리 없다. 그분은 당신의 존재 자체에 대해 거짓말을 하시는 분이다. 그분은 당신의 말씀을 지키지 않으셨다. 성추행은 그 일을 당한 아동의 마음속에서 하나님의 성품을 훼손시킨다.

성추행을 통해 어린이는 자신에 대해 무엇을 배우는가? 나는 무가치하며, 사랑받지 못하며, 나의 기도는 쓸모없다. 뿐만 아니라 나는 못된 아이이며, 나 때문에 사람들이 나쁜 짓을 하게 된다. 내가 무엇을 하든, 아무것도 달라지지 않을 것이며, 나는 불행할 것이다.

다음은 아동성추행을 경험한 한 여성이 하나님 말씀의 진리를 자신과 성추행이 가르쳐준 거짓에 적용하기 위해 쓴 글이다. 그녀는 아동기 내내 아버지에 의해 성추행을 당했다. 그녀는 오랫동안 하나님께서 왜 그 일을 멈추게 하지 않으셨는지 고통스러워하며 고민했다. 그녀는 내게 물었다.

"하나님께서는 아빠가 나를 강간할 때 무슨 생각을 하고 계셨던 걸까요? 하나님께서는 그때 어떤 기분이셨을까요?" 이 글의 제목은 '예수님의 아빠'이며 이 글은 하나님을 자신을 사랑하시는 아버지로 인식하기 위한 그녀의 노력을 보여 준다.

예수님의 아빠

> "하나님께서는 네가 두려움으로 떠는 것을 원하지 않으신다. 그분은 안전한 아빠이시고 그분은 결코 너를 아프게 하지 않으신다"(롬 8:15, 저자 의역).

에마라는 이름의 아주 조그맣고 특별한 소녀가 살고 있었습니다. 에마는 사랑스러운 소녀였고 예수님께서는 에마를 몹시 사랑하셨습니다. 에마의 아빠는 예수님께서 에마를 사랑하시는 것처럼 에마를 사랑해 주지 않으셨습니다. 에마의 아빠는 때로 에마에게 상처를 주었고 에마는 자신이 나쁜 아이라고 생각했습니다. 에마는 다른 아버지들도 딸에게 다 그러는 줄 알았습니다.

예수님께서는 에마의 아빠가 에마를 아프게 하는 것을 아셨고, 에마가 아빠를 더 이상 신뢰하지 않는 것도 아셨습니다. 예수님께서는 슬퍼하셨습니다. 그래서 예수님께서는 에마에게 믿을 수 있는 아빠이신 예수님의 아빠를 소개해 주기로 결심하셨습니다. 아빠(Abba)라는 말은 "우리를 아프게 하지 않고 우리를 사랑하시는 믿을 만한 아버지"라는 뜻이며 예수님의 아빠는 바로 그런 분이셨습니다. 예수님께서는 에마도 예수님의 아빠의 자녀이기 때문에 에마가 예수님의 아빠를 만나는 것이 중요한 일이라고 여기셨습니다. 예수님의 아빠는 하나님이시고 그분은 우리 모두의 아빠이십니다. 예수님께서는 예수님의 아빠가 믿을 수 있는 분이라는 사실을 알고 계셨지만, 에마는 그 사실을 몰랐습니다.

예수님께서는 예수님의 아빠가 좋은 분이고, 사랑이 많으시며 그녀를 아프게 만드는 에마의 아빠와는 다른 분이라는 사실을 에마에게 설명하기 위한 방법을 찾아야만 했습니다. 그래서 예수님께서는 예수님의 아빠가 어떤 분이신지를 에마에게 모두 보여 주기로 결심하셨습니다. 예수님께서는 에마에게 성경을 펼치고는 다음과 같은 말씀을 보여 주셨습니다.

"하나님께서는 네가 두려움으로 떠는 것을 원하지 않으신다. 그분은 안전한 아빠이시고 그분은 결코 너를 아프게 하지 않으신단다."
에마는 그 말씀에 대해 생각하기 시작했고 예수님께 자신의 생각을 말씀드렸습니다.

에마는 기도했습니다. "예수님, 저는 예수님의 아빠가 어떤 분이신지 몰라요. 그분은 아빠이시고 아빠는 늘 나를 아프게 하잖아요. 저는 아빠가 싫어요."

예수님께서는 에마의 말을 들으셨지만 화를 내지 않으셨습니다. 그분은 에마가 솔직하게 진심을 말하는 것을 아셨습니다. 그래서 예수님께서는 에마에게 대답하셨습니다.

"에마야, 나는 네가 나의 아빠를 몹시 두려워하는 것을 잘 알고 있단다. 그러나 나의 아빠는 믿을 수 있는 분이시란다. 그분은 네가 알고 있는 아빠와는 다르시단다. 그분은 결코 너를 아프게 하지 않으셔. 내가 약속할게."

에마는 이 말에 대해 곰곰이 생각했습니다. 에마는 아빠라는 사람은 믿을 수 있는 존재라고 생각하지 않았지만 예수님께서는 예수님의 아빠는 믿을 수 있는 분이라고 약속해 주셨습니다. 예수님께서는 이제껏 한 번도 약속을 어긴 적이 없으셨고 에마는 그 사실을 알고 있었습니다. 예수님께서는 에마가 예수님과 늘 이야기를 나눌 수 있다고 약속하셨는데 그 약속을 지키셨습니다. 예수님께서는 에마가 외롭지 않게 늘 지켜 주신다고 약속하셨는데 그분은 그 약속도 지켜 주셨습니다. 에마의 아빠는 이제까지 약속을 지킨 적이 없습니다. 그러나 예수님께서는 늘 약속을 지키셨습니다. 그래서 에마는 이번에도 예수님의 말씀을 믿어 보기로 했습니다.

"예수님, 저는 아직도 예수님의 아빠를 만나는 것이 두렵지만 예수님께서 그분이 안전한 분이라고 말씀하셨기 때문에 당신의 말씀을 믿어요. 그러나 제가 예수님의 아빠를 만날 때 제 곁에 계셔 주시면 안 될까요?"

예수님께서는 미소를 지으셨지만 그분의 눈에서는 눈물이 흘러내렸습니다.

"그래, 에마야. 내가 여기 네 곁에 있을게. 나는 널 사랑하고, 결코 영원히 너를 떠나지 않는단다." 그래서 예수님께서는 에마 곁에 계셨고 예수님과 에마는 함께 아빠에게 말하기 시작했습니다.

"안녕하세요, 아빠. 제 이름은 에마에요. 예수님과 친구 사이랍니다."

아빠는 에마의 목소리를 듣고 기뻐하셨습니다. 그분은 부드러운 목소리로 에마에게 말씀하셨습니다. "나의 소중한 딸아. 네가 내

딸이라는 사실 때문에 얼마나 행복한지 모르겠구나. 나는 너를 너무나도 사랑한단다. 네가 나에게 말을 걸어 주길 오랫동안 기다려 왔단다."

에마는 아빠의 눈에 가득한 사랑을 보았고 그분을 믿을 수 있음을 깨달았습니다. 에마는 예수님과 이야기를 나누었던 것처럼 아빠에게 여러 가지 일에 대해 말했습니다. 아빠는 당신의 작은 소녀가 당신과 함께 있게 되어 너무도 행복하셨고 에마는 자신을 사랑하고 보호해 주시는 아빠를 알게 되어 몹시 행복했습니다. 에마는 예수님의 약속을 믿길 잘했다고 생각했습니다.

아빠는 당신을 사랑하시는 당신의 아빠이기도 합니다. 그분은 당신의 아버지가 당신에게 했던 것처럼 당신에게 상처를 주지 않으실 것이며 당신은 그분께 모든 비밀을 털어놓을 수 있습니다. 심지어는 당신이 그분께 다가가는 것이 두려웠다는 이야기까지도 말입니다. 우리가 그분의 자녀이기 때문에 그분은 우리가 그분께 다가가기를 몹시 기다리고 계십니다.

하나님이 누구이신지에 대한 진실과 자신이 어렸을 때 생각했던 하나님의 거짓된 이미지 사이의 간격을 메우고자 했던 이 여성의 노력은 아동성추행이 우리를 깊이 사랑하시는 하나님과의 관계에 심각한 타격을 줄 수 있으며 이런 노력의 해답을 찾기 위해서는 아주 오랜 세월이 걸릴 수도 있다는 사실을 보여 준다.

성추행을 당한 여성을 돕기 위해

당신은 지금 당신의 교회에서 여성전문사역이나, 평신도 상담모임 혹은 성경공부에 관여하고 있을지도 모른다. 만일 30대의 한 여성이 여러 번 망설이다가 어렵사리 당신을 찾아와서 15년 동안 아버지에게 성추행을 당했었다고 고백한다고 상상해 보자. 그녀의 어머니는 이 사실을 알고 있었지만 계속 모른 척했다. 너무도 혼란스러웠던 그녀는 이 사실을 당신에게 말하기로 결심했다. 그녀의 인생은 산산조각 나 있었고, 그녀가 보기에 당신은 믿을 만한 사람인 것 같다. 자신이 겪은 성추행이 현재의 자신의 인생과 어떤 상관이 있는지 확실히 말할 수 없지만 지금 그녀는 누구에겐가 자신의 감정을 털어놓고 싶다. 그녀는 억눌려 있고, 불안하며, 불면증에 시달린다. 그녀는 끔찍한 악몽을 꾼다. 그녀는 제대로 할 수 있는 것이 아무것도 없다.

그녀의 남편은 이런 그녀 때문에 화가 났으며 자신의 아내에게

> ✤ 도움이 되는 성경말씀 ✤
>
> "하나님이 우리에게 주신 것은 두려워하는 마음이 아니요 오직 능력과 사랑과 근신하는 마음이니"(딤후 1:7).

어떤 문제가 있는지를 이해하지 못한다. 게다가 그녀는 자신의 아이들도 제대로 돌보지 못한다. 이럴 때 당신이라면 어떻게 하겠는가?

세 가지 반응을 생각해 볼 수 있다.

첫째, 이 상황으로부터 도망칠 수 있다. 문제가 너무 크기 때문에 당신은 이런 어려운 문제에 말려들고 싶지 않다.

두 번째 선택은 전문가의 도움을 청하고 전문가가 그녀를 돕도록 하는 것이다. 당신은 그녀가 더 나아진 모습을 교회에서 보고서 그녀에게 반갑게 인사할 수 있게 되기를 마음속으로 바라며 재빨리 그러나 조용히 이 상황에서 빠져 나가면 되는 것이다.

혹은 세 번째로 당신은 무릎을 꿇고 하나님께 이 여성을 돕기 위해 가장 필요한 사람들을 모을 수 있게 해 달라며 간구할 수 있다. 이들은 그녀의 곁에 서서 그녀를 지켜 주며 그녀에게 필요한 도움을 주게 될 것이다.

히브리서 13장 1~3절은 우리에게 "형제 사랑하기를 계속하고 … 자기도 함께 갇힌 것같이 갇힌 자를 생각하고 자기도 몸을 가졌은즉 학대 받는 자를 생각하라."고 말한다.

"사랑하기를 계속하라"고 성경은 말한다. 인내하고 참으며 멈추지 말라. 정해진 시간은 없다. 반복되는 성추행을 견디며 자란 누군가에게 다가가고 있다면, 아마 당신은 앞으로 수년 동안 그녀를 위해 헌신해야 할 것이다. 그들은 몇 개월 내에 치료되지 않을 것이다. 치료는 서서히 이루어진다. 성추행과 같은 사건의 결과는 정신적으로 깊은 상처를 남기며 그 상처는 쉽게 사라지지 않는다. 재빠른 치유를 원하는 우리는 종종 악에 대해 추상적으로 생각하는데 그친다. 히브리서 13장 1절은 우리가 고난을 받는 자들에 대해 생각할 때 마치 우리가 그와 똑같은 고난을 당하는 것처럼 생각하라고 말하고 있다.

당신이 성추행으로 인해 충격을 받은 사람에게 도움을 주려고 할 때에는 당신 자신이 스스로 이와 유사한 상황에 처해 있다고 생각해 보아야 한다. 이 여성의 어머니는 그녀가 아버지에게 성추행을 당하고 있다는 사실을 알았지만 그것에 대해 아무런 조치도 취하지 않았다. 그녀가 어머니에게 배신감을 느낀 것은 당연할 것이다. 그리고 그녀가 자신의 가족에 대한 이런 추한 이야기를 다른 사람에게 하는 그녀의 기분은 어떻겠는가? 그녀는 무엇을 두려워하고 있을까? 당신은 이런 그녀에 대해 어떤 생각을 하고 있는가? 아마도 그녀는 좌절감에 시달리면서 불면증을 겪고 있을지도 모른다. 충분한 수면을 취하지 못하고 있는 그녀의 심리상태는 어떻겠는가?

그녀가 어떻게 이 상황을 극복해 나가고 있다고 생각하는가? 그녀는 자신의 자녀들을 제대로 양육할 수 있을까? 당신이 잠을 제대로 자지 못했을 때 겪었던 어려움을 떠올려 보라. 어땠는가? 그녀가 남편과의 성생활을 어떤 식으로 받아들일지 상상이 가는가? 그녀는 스스로 너무도 절망해서 자기 자신에게 상처를 주지 않겠는가? 그리고 그녀는 권위를 가지고 있는 목사와 같은 위치에 있는 사람들을 어떻게 생각할까? 성추행의 기억이 그녀에게 권위를 가지고 있는 남성에 대해 어떤 것을 가르쳐주었다고 생각하는가?

그리고 이 여성이 하나님에 대해 무엇을 믿을 것이라고 생각하는가? 그녀는 단 한 번이라도 하나님께서 자신을 사랑하시고 자신을 귀하게 여기신다는 확신을 가져 본 적이 있을까? 그녀가 진심으로 당신을 믿을 수 있을 것이라고 생각하는가? 히브리서 13장은 "마치 자기에게" 그러한 일이 일어난 것처럼 생각하라고 말한다. 만약 나라면 이런 상황에서 무엇을 원하고 무엇을 필요로 할 것인가?

정서적으로 상처를 입은 사람에게는 자신의 고통을 견딜 때 곁에서 지속적으로 자신을 사랑해 주며 전적으로 의지할 수 있는 사람이 필요하다. 이 여성의 삶에서 사람 사이의 관계는 인식을 뛰어넘어 망가져 버렸다는 사실을 기억해야 한다. 신뢰, 소망, 사랑은 그녀에게 낯선 단어들이다. 그녀 곁에 머물러 하나님의 사랑을 대신 보여 줄 진짜 친구가 그녀가 치료받는 데 가장 필요한 존재이다. 그리스도의 지체인 한 여성으로서 나는 성추행으로 고통당하는 누군가를 위해 이런 역할을 감당할 준비가 되어 있는가?

이런 지속적인 우정과 더불어 성추행을 당한 이 여성은 그녀의 기억을 치료해 줄 수 있는 전문가가 필요하다. 아마 당신은 그녀가 전문가를 찾는 데 도움을 줄 수 있을지도 모르겠다. 그리고 아마 그녀가 처음 전문가를 만나러 가는 데 동행해 줄 수도 있을 것이다. 왜냐하면 기억에서 지워 버리고 싶은 기억을 드러내야 한다는 사실을 알고서 낯선 대기실에 앉아 있는 것은 그녀에게 있어서 지독히 힘든 일이기 때문이다.

그녀는 아주 실제적인 도움을 필요로 할지도 모른다. 그녀는 잠을 잘 수 없으며, 제대로 사고하지 못하고, 주변의 일을 감당하지도 못한다. 집안 살림을 돕는다거나 그녀의 자녀들을 돌보아 주는 것도 필요하다. 이런 도움을 통해서 악몽에 시달려 잘 수 없었던 그녀는 낮잠을 청할 수 있을 것이다.

그녀의 남편에게도 도움은 필요하다. 그는 자신의 아내에게 어떤 일이 일어나고 있는지를 이해하지 못할 것이다. 그는 아마도 아내의 감정적인 기복으로 인해 당황스러워할 것이며 아마도 이런 시기에 어떻게 아내를 사랑해야 하는지 모를 수도 있다. 그에게는 그를 돕고 그의 말을 들어주며 성추행에 대해 그에게 올바른 정보를 제공해 줄 수 있는 동성 친구가 필요하다.

그 친구는 그가 아내를 사랑하는 방법을 배우는 데 도움을 줄 수 있다. 그는 아내가 치료받을 동안 기다리는 법을 배워야 할 것이다. 때로 아동기에 성추행을 당한 적이 있는 여성은 역시 학대를 일삼는 남자와 결혼을 하기도 한다. 그녀의 결혼생활은 안전하지 못할 수도 있다. 따라서 그녀에게 결혼생활에 대해 묻는 것이 필요하다. 그녀에게는 그녀가 혼돈스럽고, 화나고, 힘들고, 아픈 순간에도 이 모든 일을 그녀의 곁에서 같이 견뎌 줄 친구가 필요하다.

성추행 피해자의 친구 되어 주기

하나님께서 우리에게 성추행의 경험이 있는 사람의 곁에 있게 하실 때 하나님께서 우리에게 이런 소명을 주신 이유 중 하나는 그녀가 치료받는 과정에서 우리를 통해 살아 계신 하나님의 성품을 나타내기 위해서이다.

예수님께서 이 땅에 육신을 입고 오셨기 때문에 나와 당신은 하나님께서 어떤 분이신지를 더 잘 이해할 수 있었다. 그분은 지금도 교회의 지체 안에 존재하시며 교회의 지체된 우리는 그분의 성품과 은혜를 다른 사람들, 특별히 위로가 필요한 사람들에게 보여 줄 수 있는 삶을 살도록 부르심을 받았다.

이 사실을 마음에 담아 두고 이제 아동성추행 피해자의 친구가 되기 위한 몇 가지 구체적인 지침을 알아보자.

1. 성추행은 깊고 지속적인 영향들을 남긴다는 사실을 깨달아야 한다. 특히 성추행범이 부모이고, 피해자가 매우 어리며, 성추행이 반복적으로 발생하고, 성추행 사실이 피해자가 어른이 될 때까지 드러나지 않을 경우에 영향은 더욱 깊고 지속적이다.

2. 만일 성추행범이 기독교 신앙을 가지고 있는 아버지, 어머니, 삼촌, 이웃, 상담자, 목회자일 때 이로 인해 받았을 영적인 충격을 이해해야 한다. 하나님에 대한 믿음과 경외, 그분의 성품, 그분의 사랑과 보호, 그분의 선하심에 대한 신뢰는 좀처럼 회복되기 어렵다. 성경 몇 구절이 이 오랜 상처를 단숨에 해결해 주지는 못할 것이다.

3. 피해자가 때로 혼자 있고 싶어 한다는 사실을 인식하라. 그녀는 여러 사람과 어울리는 것이 힘들지도 모른다. 그러나 그녀가 사람들과 어울리는 것을 꺼려한다 해도, 그녀를 돕고자 하는 사람들과 계속적인 관계를 갖도록 도와야 한다. 그러나 때로 그녀의 삶이 다른 사람들에게 노출되는 것이 그녀를 견딜 수 없게 만들 수도 있다

는 사실을 기억해야 한다. 하지만 이것은 그리 심각한 문제는 아니다. 당신이 그녀에게 도움이 필요하면 언제든지 연락하라고 말했을지라도, 그녀는 당신에게 연락하지 않을 수도 있다. 관계를 유지하기 위해 먼저 다가가야 하는 사람은 바로 당신이다.

4. 모든 종류의 자살 시도를 심각하게 받아들이라. 그녀가 자살을 시도한다면, 이 사실을 그녀의 상담원에게 알리거나 즉시 그녀를 응급실로 데리고 가야 한다.

5. 그녀가 말한 것을 믿으라. 어른들은 강간을 하며 가학적으로 어린아이들을 괴롭힌다. 믿을 수 없는 일이 실제로 일어나고 있는 것이다.

6. 치료하는 데는 시간이 걸린다. 성추행의 기억을 치료하는 것은 간단한 과정이 아니다. 성추행은 근본적인 신앙을 박살내며 이를 다시 건강하게 회복하기 위해서는 시간이 필요하다.

   하나님께서는 진실로 구원의 하나님이시지만, 그는 다른 이들의 도움을 통해 구원을 베푸신다. 인내하라. 포기하고 싶을 때 조금 더 인내하라.

7. 교회 공동체의 도움을 구하라. 위기를 경험하는 사람들은 보통 소외감과 무가치함을 느낀다. 교회 공동체는 그들을 이해하고, 사랑해 주며 그들이 가치 있는 존재라는 사실을 일깨워 주고, 소속감을 심어 줄 수 있다. 교회는 어떤 사람들에게는 가족과도 같은 존재이다. 생일이나 그녀에게 있어서 특별한 날을 기억해 주고 축하해 주라.

8. 비판하지 말고 오히려 소망을 주라. 어떤 사람이 고통을 겪고 있을 때 소망과 신앙으로 일으켜 세워 줄 사람이 필요하다. 힘든 일을 당한 사람에게 가서 "주님을 더욱 의지하세요."라고 말하는 것은 어쩌면 그녀를 더욱 절망하게 만들지도 모른다. 그녀에게 확실한 소망을 가지게 하고 그녀를 위해서 기도해 주겠다고 말하며 매우 실제적인 방법으로 그녀를 돕겠다고 제안하는 것이 훨씬 좋은 방법이다.

9. 그녀를 즐겁게 해 주라. 이런 문제로 고통 받는 사람에게 다가갈 때, 우리는 종종 그들과의 관계를 중요하게 생각하기보다는 사역을 더 중요하게 생각한다. 성추행을 당한 여성은 자기 자신을 해결해야 할 문제덩어리로 인식한다.

그녀와 함께 신나는 일을 계획하라. 그러면 그녀는 자신이 고침을 받아야 할 문제덩어리가 아니라 사랑받고 있는 존재라는 사실을 느끼게 될 것이다.

10. 그녀의 말을 잘 들어주라. 누군가의 말을 듣는다는 것은 그 사람에 대해 존경을 표시하는 것이다. 당신은 성추행으로 인해 비롯된 손상된 유년기를 그녀에게 되돌려 줄 수 없다. 또 몇 마디 말로는 문제가 좋아지게 만들 수도 없다.

그러나 당신은 그녀가 용기를 내어 진실을 마주대하고 그 문제 속에서 진리를 배워 나가는 것을 그녀 곁에서 지켜볼 수 있다. 어떤 말을 해 주어야 좋을지 모를 때에는 아무 말도 하지 않아도 된다. 대신 그녀의 곁에 있어 주도록 하라. 사랑으로 동행해 주는 것은 언제나 힘든 여정을 훨씬 쉽게 만든다.

11. 자신이 사역하고 있는 분야에 대해 더 많은 지식을 가지라. 아동성추행으로 인해 고통스러워하는 사람을 돕고자 한다면 그 주제에 대한 책을 읽도록 하라.

만일 당신에게 성추행에 대한 지식이 없다면 상대방을 더욱 고통스럽게 할 수도 있다.

12. 성추행 피해자에게 성추행 문제에 전문적인 지식을 가지고

있는 상담자를 소개해 주라. 첫 번째 만남에 동행해 줄 것을 약속한다.

13. 성추행에 대한 책임이 피해자에게 있다는 암시를 결코 주어서는 안 된다.

14. 성추행은 범죄라는 사실을 기억하라. 그런 일이 일어난 것은 단순히 가정에 문제가 있었기 때문이라는 고정관념의 덫에 빠지지 않도록 주의해야 한다. 성추행은 분명히 범죄다. 어린이들은 어른의 보호를 받아야 한다. 가해자가 이 범죄에 대한 책임을 져야 한다.

15. "그래도 죽는 것보다는 낫잖아."라는 식으로 성추행을 대수롭지 않은 일로 치부해서는 안 된다.

16. 지나치게 캐물어서는 안 되지만, 질문을 주저해서도 안 된다. 만일 그녀가 이야기하는 것을 원하지 않는다면, 그녀의 감정을 존중해야 한다.

17. 자신의 태도에 대해 오랫동안 신중하게 관찰한다. 성추행 피

해자의 곁에 있다 보면 당신은 성추행, 섹스, 선과 악, 정의와 불의, 남성과 여성에 대한 자기 자신의 선입견에 대해 알 수 있게 된다.

18. 누군가가 자신의 아픔을 당신에게 털어놓았다는 사실은 당신이 훌륭한 사람이라는 것을 보여 주는 증거이므로 이에 대해 자랑스럽게 생각하도록 한다. 수십 년간 감추던 비밀을 누군가에게 털어놓는 것은 몹시 고통스러운 일이다. "저에게 털어놓느라 힘들었죠? 나는 당신을 믿어요. 나에게 말해 줘서 정말 고마워요."라고 말하도록 한다.

19. 그녀가 치유될 것이라는 사실을 믿으라. 그리스도인으로서 우리는 그리스도 안에 소망과 치유가 있음을 알고 있다. 그러므로 고지식한 태도를 버려야 한다. 몇 가지 진리가 그녀를 완전히 치유할 수는 없다. 이런 종류의 상처를 성경 몇 구절이나 혹은 '치유의 3단계' 와 같은 방법으로 치유하려고 하는 것은 이제까지 깊은 상처에 시달리던 사람에게 더 큰 아픔을 줄 수 있다. 우리 스스로 이 상황을 불편하게 느끼기 때문에 우리는 이런 쉬운 방법을 시도한다. 무슨 말을 해야 좋을지 모를 때는 쉬운 공식을 적용해서 스스로 무엇인가를 해냈다는 성취감을 느끼려고 한다.

　성추행으로 인해 피해자의 마음은 충분히 아프다. 구원자가 계시다는 사실은 틀림없으나 그는 언제나 사람들을 통해 오랜 시간을 걸쳐 일하신다는 사실을 다시 한 번 떠올려 보라. 그의 방식에 복종하는 것은 피해자와 피해자를 돕고자 하는 사람에게 때로 고통스러운 과정이 될 것이다.

나는 30년 동안 성추행으로 고통 받는 남성과 여성을 돕는 사역을 해 오면서 두 가지 사실을 확실히 알게 되었다. 첫째, 이 세상에는 사망과 거짓을 주관하며, 사람들의 욕구를 잘못된 방향으로 사용하게 만드는 믿을 수 없을 정도로 끔찍한 악이 실제로 존재한다는 사실이다.

아동성추행은 사탄의 짓이다. 이는 생명을 파괴하고 사람의 정신을 망가뜨리려는 소름끼치는 악이다. 사탄과의 전쟁은 치열한 것이며 성추행의 피해자를 도우려는 이들은 이 전쟁이 얼마나 힘겨운 것인지를 알고 있다. 왜냐하면 이 전쟁은 진리와 거짓, 생명과 사망, 구원과 파괴, 소망과 절망이 벌이는 전쟁이기 때문이다. 그렇다. 이 전쟁은 성추행과 그것의 영향력에 맞서는 것이지만, 그것은 또한 어둠의 세력에 대항하는 전쟁이기도 하다. 우리는 홀로 이것을 감당할 수 없다.

둘째로, 해야 할 일이 많다. 아주 어려운 일들이다. 거짓이 폭로되고 진리가 회복되어야 한다. 사망을 생명으로 바꾸어야 한다. 치유는 몸과 마음, 감정과 관계와 영혼에 이루어져야 한다. 이 모든 일은 혼자서는 결코 할 수 없는 일들이다. 도울 사람이 필요하다. 유능하고, 남을 긍휼히 여기며 인내할 줄 아는 사람이 필요하다. 그러나 이 모든 것을 했다고 해서 문제가 해결된 것은 아니다. 우리에게는 또한 우리를 대신해서 싸워 주실 구원자가 필요하다.

이사야 19장에서는 이 구원자에 대해 멋진 그림을 보여 준다. 19, 20절의 말씀은 이스라엘을 가장 심하게 압제하는 애굽의 변경 안에 계시는 하나님의 영광으로 지어진 제단에 대해 묘사하고 있다. 이 제단은 압제를 당했고 그래서 하나님께 오랫동안 간절히 부르짖은 사람들이 구원받을 것이라는 사실에 대한 징표이다.

> ❖ 도움이 되는 성경말씀 ❖
>
> "너희는 이전 일을 기억하지 말며 옛적 일을 생각하지 말라 보라 내가 새 일을 행하리니 이제 나타낼 것이라 너희가 그것을 알지 못하겠느냐 정녕히 내가 광야에 길과 사막에 강을 내리니"(사 43:18, 19).

하나님께서는 그들에게 구원자 곧 한 투사를 보내실 것이다. 이 하나님의 제단은 애굽에서 소망의 징조가 무엇인지를 보여 주었으며 이사야의 말대로 "이것이 애굽 땅에서 만군의 여호와를 위하여 표적과 증거가 되리니 이는 그들이 그 압박하는 자의 연고로 여호와께 부르짖겠고 여호와께서는 한 구원자, 보호자를 보내사 그들을 건지실 것"이기 때문이다(사 19:20).

만일 당신이 성적 학대를 당한 장본인이라면 당신은 압박하는 자의 압제를 받으며 사는 것이 어떤 것인지를 잘 알 것이다. 당신의 몸과 영혼은 적에 의해 압제를 당했다. 당신은 왜 하나님께서 침묵하시며 당신을 돌보시지 않는지에 대해 고민하면서 오랫동안 그리고 간절히 부르짖었다.

그러나 당신의 구원자, 예수 그리스도도 역시 압제당하는 자였으며 학대를 받았다. 따라서 그분은 당신이 견뎌온 아픔을 알고 계신다. 그분은 어둠의 세력 혹은 악의 힘과 싸워 이길 만한 힘을 가지고 계신 분이다. 그분의 능력은 어둠의 힘보다 훨씬 크시다. 그분은 끝까지 참으신다. 나는 그분께서 황폐한 삶에 아름다움을 회복시키시고, 거짓의 자리에 진리를, 한때 사망이 다스렸던 곳에 생명을 회복시키는 놀라운 일들이 성추행 피해자들의 삶에서 일어나는 것을 여러 번 보았다.

그렇다. 싸움은 힘들다. 그것은 당신뿐만 아니라 때로는 당신을 도우려는 사람도 녹초로 만들 것이다. 치유에 걸리는 시간이 당신의 생각보다 훨씬 길어질 수도 있다. 그러나 변화가 느리고 소망이 사라지는 것처럼 느껴질 때, 그분은 말씀하신다. 그분은 성추행이 악한 것이라고 말씀하시며 진리를 가르쳐주신다. 실제로 그분은 이 땅에 계셨을 동안에 학대를 당하셨고 죽음을 경험하셨으므로 우리는 그분이 우리의 상황을 이해하실 수 있을 것이라는 사실을 안다.

  당신이 자신에게 일어났던 이런 문제를 해결하고자 노력할 때, 혹은 당신이 속한 공동체에서 이런 경험을 갖고 있는 사람들에게 손을 내밀 때, 당신이 하는 일은 구원자이신 예수님의 성품을 닮아가는 일이 될 것이며 이로 인해 많은 이들은 절망과 상처로부터 소망과 치유로 나아가는 기회를 얻게 될 것이다.